아
마
존
의　야
망

아마존의 야망

아마존의 경제대국에서 우리는 어떻게 살아남을 것인가

나루케 마코토 지음 · 유윤한 옮김

서울문화사

우리는 이미 누구라도 아마존과 상관없이 생활하기는 어렵다. 이렇게 말하면 지나치다고 할까. 그러나 "난 아마존에서 물건을 사지 않아"라고 말하는 사람도 어쩔 수는 없다. 직접 아마존의 서비스를 이용하지 않는다 해도 사회의 이곳저곳에는 이미 아마존이 확실히 침투해 있기 때문이다.

아마존이 비밀주의를 지향한다는 것은 이미 널리 알려진 사실이다. 누구든 '설마 이 정도까지?'라고 할 정도로 아마존과 밀접한 생활을 하고 있다. 하지만 그 진실을 속속들이 알기는 어렵다. 그래서 더더욱 아마존 제국에 대해 제대로 알고 갈 필요가 있다.

아마존의 비즈니스는 경영학의 혁명이라 단언할 수 있다. 10년 후에는 반드시 경영학 교과서에 실릴 것이라 장담할 정도로 획기적인 기업이 바로 아마존이다. '인터넷과 현실의 경계를 없앤' 최초의 기업으로 아마존은 미래에 길이길이 회자될 것이다.

아마존에는 새로운 비즈니스가 가득 차 있다. 다양한 비즈니스 모델, 캐시플로Cash flow, AI 기술…… 이제 아마존을 아는 것은 한 기업의 경영에 대해 아는 차원을 넘어선다.

이 책에서는 아마존과 경쟁하는 모든 기업에 대해 언급하고 있다. 마이크로소프트, 애플, 구글 등의 IT 기업은 물론이고, 도요타 자동차ﾄ ﾖﾀ 自動車, NTT도코모NTTﾄ ｺﾓ, 라쿠텐Rakuten, 미쓰코시이세탄三越伊勢丹, 미쓰비시UFJ파이낸셜三菱UFJ ﾌ ｨﾅﾝｼｬﾙ 그룹 등 모두가 각 업계의 최고 기업이다. 즉, 아마존이란 한 기업을 알게 되면, 주요 업계들에 대해 알게 되는 것이다. 동시에 그 안에서 무엇이 일어나고 있는지를 알게 되는 것이다. 뿐만 아니라 비즈니스맨에게 꼭 필요한 최신 비즈니스 감각을 키우게 된다는 의미를 갖기도 한다.

우선 아마존이란 기업이 얼마나 대단한지를 전체적으로 간단히 살펴보고자 한다. 아마존은 1995년에 영업을 시작한 이후 폭발적인 성장을 계속해오고 있다. 먼저 아마존의 주가는 최초 상장 때보다 1,252배 올랐다. 2015년 6월부터 3년 동안의 주가 변화를 살펴보면, 애플, 구글, 페이스북은 각각 2배 정도 올랐지만, 아마존만큼은 4배 올랐다. 이런 주가 상승을 지지해주는 가장 큰 요인은 바로 캐시플로 경영이다. 캐시플로란 기업 활동을 하는 데 자유롭게 사용할 수 있는 현금 흐름을 말한다. 보통 기업들은 캐시플로를 통해 설비투자를 하고, 빚도 갚고, 이익을 계상한다. 그런데 아마존은 장기간 이익을 계상하지 않고 대부분을 설비투자로 돌렸다.

극단적으로 말하면 해마다 수천억 엔을 써가면서 초대형 물류 창고와 소매점을 하나씩 하나씩 늘려나가고 있는 셈이다. 아마존의 자금 운용에서 또 하나 놀라운 사실은 소매업계에서 좀처럼 보기 어려운 캐시 컨버전 사이클 Cash Conversion Cycle : CCC (현금 전환 주기)이다. 아마존의 CCC는 요술 방망이처럼 필요한 돈을 뚝딱뚝딱 만들어내고 있다.

CCC를 좀 더 쉽게 표현하자면, 고객으로부터 대금을 회수하기까지 걸리는 기간을 말한다. 뜻밖에도 2017년 12월 아마존의 CCC는 −28.5일이었다. 즉, 물건을 팔기 약 30일 전에 현금이 먼저 들어온다는 뜻이다. 같은 시기에 월마트 Walmart 나 코스트코 Costco Wholesale (이하 '코스트코')는 CCC가 플러스였다.

본문에서 자세하게 설명하겠지만, 아마존은 매출이 오르면 오를수록 손에 들어오는 자금이 극대화되는 캐시머신이다. 거꾸로 말하면 아마존에는 성장이야말로 생존의 열쇠가 된다. 이 사실은 아마존과 경쟁하는 기업엔 악몽이다. 아마존 때문에 자기 회사의 '시장점유율'과 '성장 기회' 양쪽을 동시에 잃어버리게 된다는 의미이기 때문이다.

하지만 이러한 강점도 아마존의 일부분에 지나지 않는다. 아마존의 진정한 강점은 기업을 대상으로 한 서비스다. 아마존 웹 서비스Amazon Web Services : AWS와 풀필먼트 바이 아마존Fulfilment By Amazon : FBA이 그것을 지탱하고 굴러가게 하는 두 바퀴다. IT업계에서 아마존은 기업 대상 클라우드 서비스 제공 회사 중 세계 최대 규모로 인식되고 있다.

AWS가 제공되면서 기업은 이제까지 큰돈을 들여 개발해온 서버를 가질 필요가 없게 되었다. 이런 식으로 아마존은 업계에 혁명을 일으켰다. 아마존의 입장에서도 클라우드 사업은 그들이 특히 자신 있어 하는 규모의 이익scale merit(대량생산이나 대량구매 등 규모의 확대로 얻어지는 이익 – 옮긴이)을 확보하기 쉽게 해준다.

예를 들어, 일본 기업은 아침 8시부터 저녁 5시까지 컴퓨터를 활발히 사용하지만, 늦은 밤에는 거의 사용하지 않는다. 대신 그 시간대에 같은 규모의 미국 기업이 놀고 있는 그 컴퓨터의 서버를 사용할 수 있다면, 각 회사의 컴퓨터 사용 비용은 절반이 될 것이다. 이것을 지구상의 무수한 기업들에 적용하면, 컴퓨터 사용 비용은 훨씬 줄어들 것이다.

현재 AWS의 영업이익은 43억 달러에 이른다. 아마존의 어떤 사업보다도 높다. 따라서 아마존이 무엇으로 돈을 버는 회사냐고 묻는다면, 클라우드 사업이라 답하는 것이 가장 타당할 것이다. 그리고 이 사업으로 올린 매출 역시 또 다른 사업의 설비투자에 쓰인다.

그런 면에서 AWS의 실질적인 라이벌은 마이크로소프트의 클라우드 사업체인 애저Azure일 것이다. 신기하게도 이 두 회사는 모두 시애틀을 기반으로 하고 있다. 덕분에 지금 시애틀은 상상도 못할 정도로 호황을 누리고 있다.

풀필먼트 바이 아마존FBA도 결국 많은 기업에 필수 서비스가 되고, 라이벌에는 악몽을 선사할 것이다. 이에 대해서도 본문에서 자세히 다룰 것인데, 아마존만의 다양한 상품과 저렴한 가격은 바로 이 FBA에서 비롯된 것이다. FBA는 아마존에 출품하는 기업들에 훌륭한 인프라를 제공한다. 중소기업으로서는 마련하기 어려운 창고, 재고 관리, 결제, 배송, 고객 서비스 등을 아마존이 대신해주는 것이다.

즉, FBA를 이용하는 출품업자는 자사 제품을 아마존의 창고에 보내면, 더 이상 아무것도 하지 않아도 된다. 아마존의 재고 관리를 받으며 결제에서 배송까지 맡길 수 있기 때문이다. 심지어는 아마존에서 판매하지 않는 자사의 상품도 아마존의 물류망을 통해 보낼 수 있다.

어느 개인이 새로운 상품을 기획했다고 치자. 그 설계와 제조는 중국 기업에 맡기고 판매와 유통은 아마존에 맡기는 식으로 경영할 수 있을 것이다. 이런 식이라면, 혼자서 몇 백억 엔에 이르는 사업을 시작하는 것조차 가능하게 된다. 그런데 바로 이 모든 것을 가능하게 만들어준 것이 FBA다.

이처럼 FBA라는, 지나칠 정도로 편리한 구조가 마련되어 있기 때문에 아마존의 물품 구색은 어떤 쇼핑몰보다 뛰어나다. 현재 아마존 마켓플레이스Market Place에서 취급하고 있는 상품 수는 전 세계적으로 2억 품목에 이른다. 거의 모든 기업이 거의 모든 상품을 아마존을 통해 팔고 있다고 보아도 좋을 정도다.

아마존은 물류 시스템도 훌륭하다. FBA 시스템을 통해 갖춘 대량의 상품을 잘 보관했다가 소비자에게 신속하게 전달해 최강 물류 시스템의 힘을 보여주고 있다. 매일 하나의 창고에서 출하할 수 있는 상품 수는 무려 160만 개에 이른다. 뿐만 아니라 스스로 항공 수송기와 배를 준비해두고, 스스로 축적해놓은 쇼핑 데이터를 기반으로 최고 적절한 상품을 추천해주고 있다. '오늘 사고 내일 받는다'는 말 그대로 실천하는 아마존의 물류는 아마존 최대의 서비스다. 다른 회사는 미처 갖추지 못한 아마존만의 무기다.

아마존의 특이성은 그 규모나 구조에만 있는 것이 아니다. 아마존 같은 인터넷 쇼핑몰에서는 절도가 불가능하다. 그 덕분에 아마존이 절도로 손해 보는 상품의 비율은 제로다. 일본에서도 오프라인 매장을 마련하지 않는 덕분에 거의 연간 300억 엔의 이익이 발생한다고 한다.

그렇다고 아마존이 온라인에만 전념한 채 오프라인 매장을 나 몰라라 하는 것은 아니다. 온라인에서 이룬 성공을 발판으로 최근 오프라인에도 착실하게 진출하고 있다. 2017년에는 고급 슈퍼마켓인 홀푸드마켓Whole Foods Market(이하 '홀푸드')을 매수했다. 이로써 미국을 중심으로 캐나다와 영국의 노른자위 땅에 450개에 이르는 매장을 소유하게 되었다. 게다가 아마존 고Amazon Go라는 무인점포 사업도 시작했다. 어느 쪽도 단순 소매업에 머물지 않고 온라인과 오프라인의 경계를 넘나드는 아마존식 서비스의 거점이 되고 있다.

대충 살펴본 것만으로도 이 정도다. 사실 이것들은 대단한 아마존의 일부분만을 보여주고 있을 뿐이다. 하루하루 무섭게 뻗어가는 이 기업의 성장 속도는 창업자인 제프 베조스^{Jeff Bezos} 스스로도 제대로 파악하지 못하고 있을 것이다.

아마존의 창업자 제프 베조스는 2018년 포브스 선정 100대 부호에서 처음으로 1위를 차지했다. 그의 자산 총액은 1,120억 달러(한화 약 130조 4,000억 원 - 옮긴이)다. 아마존의 주가가 1년 동안 약 59퍼센트 올랐기 때문에, 자산은 같은 기간 동안 392억 달러 증가했다. 포브스의 100대 부호 선정 역사상 최댓값이었다고 한다.

지금 이 책을 읽고 있는 독자들 중에는 아마존 프라임^{Amazon Prime} 회원으로 이미 아마존의 매력에 푹 빠져 있는 분들도 있을 것이다. 그런가 하면 자신도 모르는 사이에 AWS의 덕을 보고 있는 분들도 많을 것이다. 이 책에서는 아마존이 어떻게 해서 다른 회사를 압도하는 기업이 되었는지. 왜 이익을 내지 못하는 것 같은 새로운 서비스를 계속 제공하는지. 그리고 아마존이 그리는 미래 등, 이 거대 기업의 전모를 낱낱이 파헤쳐보고자 한다.

앞으로 몇 년 이내에 아마존의 대부분 상품은 드론으로 배송될 것이다. 아마존은 이와 관련해 하늘에 드론기지를 세우려고 특허까지 신청해놓고 있다. 사람은 보이지 않고 드론이 아마존 로고가 찍힌 상자를 눈앞에 내려놓고 다시 날아올라 돌아가는 모습을 상상해보라.

아마존은 지금도 고객이 원하는 것을 채워주기 위해 끊임없이 기술을 개발하며 인프라를 다지고 있다. 투자도 AI, 자율주행, 얼굴인식, 번역 시스템에 이르기까지 다양한 분야를 향하고 있다. 아마존의 투자처를 보면 앞으로 세계의 미래를 알 수 있다고 해도 좋을 정도다. 반복해서 말하지만, 아마존은 하나의 제국을 만들어가고 있다. 아마존의 현재를 아는 것은 비즈니스의 최첨단을 아는 것이다. 미래사회를 엿보는 것이다.

차 례

서문
아마존 없이는 불가능한 생활

제1장
다양한 상품과 싼 가격을 실현한 구조

제2장
현금이 있으므로 실패할 수 있다

제3장

아마존에서 가장 큰 이익을 올리고 있는 AWS

제4장

아마존 프라임 회원이란 무엇인가

제5장

아마존으로부터 M&A를 배운다

제6장

거대한 창고와 배송력으로 물류를 제압한다

제9장
아마존이라는 조직

amazon

_____

서

문

_____

아마존 없이는
불가능한 생활

아마존 없이는
생활이 불가능할지도

-

10년 전이라면 기분 나쁜 농담으로 들렸을지 모르겠다. 하지만 2018년 시점에서 아마존이 없다면 생활이 불가능할지도 모른다는 말은 현실이 되고 있다. 가까운 편의점이 사라져도, 텔레비전이 하루 종일 나오지 않아도 그다지 곤란하지 않다. 하지만 아마존을 이용할 수 없다면 생활이 엉망이 되는 사람들이 속출할 것이다.

지구상 가장 풍요로운 상품이 준비되어 있는 온라인 쇼핑몰에서 쇼핑하지 못하는 불편 때문만은 아니다. 쇼핑한 물건을 다음 날 받을 수 없게 되기 때문이다. 아마존 프라임 회원이라면 어디서나 무료로 즐기던 영화나 음악 서비스를 누릴 수 없게 되기 때문이다. 하지만 이것도 아마존의 지극히 작은 일부에 지나지 않는다. 오히려 기업에 미치는 영향은 훨씬 더 크다. 아마존에 제3자가 상품을 출품할 수 있는 마켓플레이스는 현재 전 세계적으로 200만 개 기업이 이용하고 있다. 기업들은 이곳에서 상품 출하와 배달까지 대신해주는 아마존의 서비스를 받고 있다. 아마존의 이런 서비스가 갑자기 끊기면, 기업 활동 자체가 마비되는 회사가 속출할 것이다.

그뿐만이 아니다. 이보다 더 큰 영향력을 발휘하는 AWS(아마존 웹 서비스)가 있다. AWS는 기업을 대상으로 하는 클라우드 서비스다. 원래는 아마존 자신의 온라인 판매를 위해 구축한 거대 서버 시스템이다. 그런데 남아도는 공간이 생기자 이를 처리하기 위해 시작한, 이른바 '잉여 자원 처리용 부가적 사업'이었다. 하지만 이제 AWS는 세계 유명 대기업들과 미 정부기관까지 이용하는 거대 사업이 되어 믿기 어려울 정도로 많은 수익을 올리고 있다. 현재 아마존은 마이크로소프트와 구글을 능가하는 최대 클라우드 서비스 회사이기도 하다.

AWS가 멈추면 많은 대기업의 정보처리가 멈춘다. 까딱 잘못하면 금융기관의 결제도 멈추고, 세계 경제 전체가 흔들릴 가능성이 있다. 아직 실감하지 못하는 사람도 많을 것이다. 하지만 개인도 기업도 아닌 인류 전체가 아마존 없이는 생활할 수 없는 시대가 은밀히 다가오고 있는 것이다.

창업자 제프 베조스 자신도 아마존을 멈출 수 없다

우리의 생활이 어느 정도까지 아마존에 젖어 있는지를 제대로 아는 사람이 얼마나 될까. 생각해보면, 소름이 돋을 정도로 무서운 상황이다. 지금 개인도 기업도 사회도 아마존에의 의존도가 점점 더 높아가고 있다. 그런 만큼 아마존에서 상품 가격을 인상하거나 서비스를 중단하면 쇼핑 난민이 되는 사람과 도산하는 기업이 속출할 것이다. 이런 상황을 두려워해 아마존이 모든 산업을 집어삼키고 있다고 경종을 울리는 목소리도 적지 않다.

아마존이 온라인 쇼핑의 강자라는 사실에는 이론의 여지가 없을 것이다. 미국의 온라인 쇼핑 시장에서 아마존이 차지하는 시장점유율은 40퍼센트를 넘는다. 그곳에서 오가는 거래액은 20조 엔에 이르려 하고 있다. 실로 아마존은 온라인 쇼핑의 거인이라 할 수 있다.

아마존의 이런 경영이 독점 금지법에 걸리지는 않을까 생각하는 사람도 있을 것이다. 하지만 온라인 쇼핑 자체가 소매업 전체에서 차지하는 비율은 10퍼센트 정도다. 즉, 아마존이 미국 소매업 전체에서 차지하는 비율은 4퍼센트 정도일 뿐이다. 따라서 아마존이 과점 상태에 있다고 말하거나 법적으로 배제하기는 어렵다. 특별히 그럴 이유도 없다. 아마존이 내거는 것은 지구상에서 가장 고객을 소중히 여기는 기업이다. 항상 가장 싼 가격에 가장 신속하게 배송하려고 노력하고 있다. 싼 가격으로 시장점유율을 높이고 나서, 그후 가격을 올리려는 속셈도 아니다. 적어도 소비자는 아마존이 제시하는 가격에 불만을 표시하지는 않는다.

경쟁이 심한 미국 소매업계 기업들의 오프라인 매장이 아마존의 등장으로 궁지에 몰린 것은 사실이다. 하지만 법적으로 아마존이 제재 받을 가능성은 현재로선 전혀 없다고 봐도 좋다.

아마존은
왜 비밀주의인가

아마존은 비밀주의다. 현지 미디어 중에는 아마존을 스탈린 시대의 소련 같다고 야유하는 곳도 있을 정도다. 애플의 스티브 잡스와 마이크로소프트의 빌 게이츠에 비해 아마존의 창업자 제프 베조스의 인상은 강하지 않다.

텍사스주 휴스턴 출신인 베조스는 프린스턴 대학을 졸업하고 금융업계를 거쳐 인터넷 비즈니스의 미래에 모든 것을 걸고 사업을 시작했다. 이것이 공개된 그의 경력이다. 1964년 1월 12일에 태어난 그에겐 네 명의 자녀가 있다. 중간 키에 살이 알맞게 쪘고, 머리카락 한 올 없는 맨머리가 특징이다. 어떤 사진을 봐도 눈만은 웃고 있지 않다는 인상이 강하다. 보유 자산은 1,120억 달러로 추정된다(2018년 시점).

집 안에 틀어박혀 사색하기를 좋아하고 사람을 싫어하는 경향이 있는 것으로 알려졌다. 최근에는 언론 매체에 잘 등장하지도 않았다. 가족과 보내는 시간을 소중히 여긴다는 게 이유지만 확실하지는 않다. 하지만 이전에는 인터뷰에 잘 응해주기도 해 미디어를 싫어한다고만 할 수는 없을 것이다. 유튜브에는 독특하게 새된 목소리로 웃는 베조스의 영상이 올라와 있기도 하다. 물론 이렇게 웃는 것도 사실은 친절하고 상냥한 경영자로 보이기 위해 연기를 하는 것이란 말도 있다. 이처럼 베조스에 대한 정보는 일부 공개되기는 했지만, 대부분 수수께끼투성이다. 그런지라 많은 사람들이 그를 두려워하는지도 모른다.

물론 기업 경영자가 자신의 일상이나 성격을 다 드러내 보일 필요는 없다. 보통 유능한 경영자들은 대부분 외향적인 성격을 가지고 있다. 그런데 베조스는 그렇지 않아 더욱 수수께끼 같은 인물로 비치는지도 모른다. 게다가 그가 경영하는 아마존이라는 기업 자체가 비밀주의를 지향한다. 때문에 그런 분위기를 더욱 짙게 만들었을 것이다.

예를 들어, 아마존에서 가장 큰 수익을 올리고 있는 AWS의 사업 규모도 오랫동안 비공개 상태였다. 그동안 일반 대중들에게 아마존은 단순히 거대한 온라인 판매 회사라고만 인식되었을 뿐이다. 하지만 아마존이 클라우드 서비스로 큰돈을 벌고 있다는 사실이

요 몇 년 사이에 겨우 알려지게 되었다.

아마존은 자사의 신제품에 대한 정보를 공개하지 않는다. 조사회사와 증권회사는 아마존의 사업 규모를 추측할 수밖에 없다. 대규모 홍보와 함께 등장한 AI 스피커, 아마존 에코^{Amazon Echo}의 판매 대수조차 알 수 없다. 500만 대라고도 하고 1,000만 대라고도 한다. 각 언론사의 기사들도 제각각이다. 이외에도 신상품과 경영전략에 대해 다양한 억측이 난무하고 있을 뿐이다. 이에 대해 아마존은 일절 논평을 하지 않아 신비주의는 날로 깊어가고 있다. 다른 대기업들이라면 있을 수 없는 일이다.

보통의 기업들은 자사에게 불리한 이야기에 대해선 입을 다물고, 유리한 이야기에 대해선 누가 부탁하지 않아도 스스로 발표한다. 도요타 자동차는 하이브리드 카 시장점유율, 애플은 아이폰 판매 대수 등에 대해 보도자료를 만들어 미리 알아서 돌린다. 그러나 아마존은 자사에 유리한 정보조차도 알리려 하지 않는다. 결국 아마존이 그렇게 하는 이유도 추측할 수밖에 없다. 고객의 이익을 가장 우선시하는 아마존의 입장에서 보면, 어차피 보도기관 등 제3자와 접촉하는 것은 시간낭비라고 생각할지도 모르겠다. 간단히 말하자면, 너무 많은 사업을 벌이고 있고, 사업에 집중하다 보면 언론 보도까지 신경 쓰는 것이 귀찮을지도 모르겠다.

아마존을 이해하는 것은
미래의 경영학을 공부하는 것과 같다

–

거대 기업들이 많은 사업을 벌이는 일은 흔하다. 대표적인 기업으로는 미국이라면 제너럴 일렉트릭ᴳᴱ, 일본이라면 히타치제작소日立製作所 등이 있다. 예를 들어, 히타치는 원래 모터 제조업으로 사업을 시작했지만, 현재는 헤어드라이어에서 원자력 발전소에 이르기까지 같은 브랜드로 여러 사업을 전개하고 있다. 파생된 사업들이 각자 독립하는 한편, 서로 연결되어 하나의 그룹을 형성하는 형태를 갖추고 있다. 아마존도 각 사업이 독립해 있는 점은 비슷하다. 하지만 이 사업들이 서로를 떠받쳐주는 면에서 일반적인 대기업들보다 훨씬 더 큰 상승효과를 낸다. 그러면서 놀랄 정도로 빨리 함께 성장한다.

아마존의 이런 특징은 소비자는 물론이지만, 아마존과 관련된 사업자들에게도 이점으로 작용한다. 마켓플레이스는 라쿠텐(일본 최대 온라인 쇼핑몰 – 옮긴이)과 비슷하다. 다양한 기업들이 아마존이 중개하는 쇼핑몰 사이트에 납품할 수 있는 구조다(라쿠텐과 조금 다른 점에 대해선 본문에서 자세히 다루겠다). 아마존은 자사의 쇼핑몰 사이트를 많은 외부 사업자들이 이용하기 쉽게 해준다. 그럼으로써 소비자가 보다 싼 물건을 보다 쉽게 손에 넣을 수 있는 구조를 만들었다.

마켓플레이스의 상품은 아마존이 준비한 물류 시스템을 이용하는 경우가 많다. 그렇기 때문에 주문이 증가하면 증가할수록 물류비는 내려간다. 물건을 한군데로 모아 정리할 수 있기 때문이다. 마켓플레이스에 참가하는 기업 중에는 사업 규모가 확대되어 아마존이 제공하는 정보시스템인 AWS를 이용하는 경우도 있다. 아마 이 중에는 상품 매입 자금을 마련하기 위해 아마존의 대출 서비스를 받는 기업도 있을지 모른다. 이처럼 아마존을 한번 이용하기 시작한 기업은 편리함에 이끌려 아마존의 다른 서비스들도 이용하게 될 가능성이 점점 커지고 있다.

사업 하나하나가 올리는 수익도 크지만, 단독 수익만 보고 사업을 전개하지 않는 것이 아마존의 뛰어난 점이다. 예를 들어, 아마존 프라임 회원에게는 무료 배송 서비스가 제공된다. 즉, 프라임 회원이 물건을 구매할 때마다 아마존은 운송회사에 배송비를 지불해야 한다. 그런데 경우에 따라선 배송비가 수익보다 커 적자가 될 수도 있다. 하지만 아마존은 이처럼 하나의 배송에서 생기는 적자는 별로 개의치 않는다. 어차피 프라임 회원은 다시 많은 상품을 구매해 거래액을 증가시킬 것이다. 아마존 전체로 볼 때 결국은 플러스 상태가 될 것이기 때문이다. 아마존 프라임 회원이 아닌 일반 회원의 연평균 소비액은 700달러 정도다. 이것도 결코 적지 않은 액수다. 하지만 프라임 회원은 이것의 배에 가까운 1,300달러어치를 해마다 구매하고 있다. [1]

물론 아마존의 단독 사업들은 각각 개별적으로 꾸준히 성장을 이어가고 있다. 클라우드 서비스인 AWS는 IT 전문 기업인 마이크로소프트를 크게 앞질러 세계 시장에서 굳건하게 1위를 독점하고 있다. 아마존의 AWS 책임자는 이 사업이 더 이상 소매업을 보완하는 수준에 머물지 않을 것이다, 오히려 조만간 소매업을 앞지르게 될 것이다, 라고 호언하고 있다.

이처럼 아마존은 새로운 사업을 일으킬 때마다 적자를 두려워하지 않고, 투자를 아끼지 않는다. 이것은 아마존의 큰 특징이자 전사적인 명확한 전략이다.

---

[1] 미국 시장조사 회사 CIRP의 조사

그런데 이제는 베조스 자신도 하나하나의 사업이 어디까지 확대될지 파악할 수 없는 상황에 이른 것은 아닐까?

베조스는 자기 회사를 로지스틱스 기업이라고 말한다. 로지스틱스는 '병참'이란 뜻이다. 병참은 전장에서 군대가 싸울 수 있도록 필수적인 군수품과 군인 등을 지원하는 일이다. 즉, 군수품이나 군인을 전선까지 운반하거나 보내기 위한 길을 확보하는 것. 다시 말해 물류망을 가지는 것을 뜻한다. 어떤 전쟁에서든 병참을 확보한 쪽은 이길 가능성이 크다. 역사상 이런 병참을 무엇보다 중시했던 나라가 바로 로마제국이다. 고대 로마군은 '병참으로 이겼다'는 평가를 받을 정도였다. 또 당시 그들이 남긴, "모든 길은 로마로 통한다"는 말이 2,000년 가까이 흐른 지금도 인정될 정도로 군용 도로가 잘 정비된 나라가 바로 로마제국이었다.

아마존의 경우 가장 중요시하는 것은 고객의 이익이다. 이를 실현하기 위해 모든 투자를 훌륭한 병참을 갖추는 데 쏟아붓고 있다. 자사 소유의 트레일러 등 물류망의 정비, 클라우드 서비스의 개발과 제공, 무료 배송과 프라임 회원 및 인터넷 쇼핑몰을 통해 축적한 쇼핑 데이터, 그 외 압도적인 서비스 능력은 아마존이 고객을 위해 갖춘 가장 강력한 병참이다. 게다가 아마존에서 파는 물건은 품질에 비해 가격도 싸다. 베조스가 자신의 회사를 '로지스틱스 기업'이라 부른 것은 바로 이런 병참을 갖추었기 때문일 것이다.

아마존은 국가의 테두리를 넘어선 초국가적 존재로서 지금도 팽창을 계속하는 21세기형 로마제국이라고 할 수 있을지 모른다. 온라인 판매, 클라우드 서비스, AI 스피커 등 모든 IT의 길이 아마존으로 향하고 있기 때문이다. 이제는 베조스 자신도 아마존이라는 나라의 영토가 어디까지 넓어질지 로드맵을 그릴 수 없을지 모른다. 아마존은 창업한 지 불과 20년 남짓 만에 어떻게 이런 제국으로 성장할 수 있었을까? 그리고 앞으로는 과연 어디를 향해 나아갈까?

아마존이 나아갈 길을 아는 것은 현대인으로선 아주 중요하다. 아마존이라는 하나의 조직을 아는 것은 '전자 상거래 사이트에서 급성장하는 소매업계'를 아는 그런 작은 일이 아니다. 현대의 최첨단 비즈니스를 아는 것이다.

현대를 살아가는 비즈니스맨에게 아마존만큼 흥미로운 기업은 없을 것이다. 어찌 보면 아마존을 연구하는 것은 10년 후에 나올 경영학 교과서를 미리 배우는 것과 같다.

지구 전체의 경제 활동에
영향을 끼치는 아마존

-

온라인 사전 윅셔너리에 실린 '아마존' 항목에는 '그리스 신화에 등장하는 아마존족, 즉 키가 크고 강하고 몸이 탄탄하며 활동적인 여성'이라는 뜻풀이가 실려 있다. 한편 동사로서는 'amazoning', 'amazoned'가 실려 있다. 이것은 앞에서 언급한 아마존족과는 전혀 관계가 없다. 의미를 풀어보자면, 'amazoning'은 '아마존 하고 있다', 'amazoned'는 '아마존당하고 있다'다. 모두 제프 베조스의 아마존에서 파생된 속어다. 여기서 '아마존 하고 있다'란 '다른 것들을 압도하고 있다'로, '아마존당하고 있다'는 '뿌리째 뽑히고 있다'로 보면 된다.

지금 이 책을 읽는 독자들 중에는 '아마존 효과Amazon Effect'란 말을 이미 들어본 사람도 있을 것이다. 최근 일본에서는 〈니혼게이자이〉 신문과 다른 경제전문지 등에서 자주 쓰이는 말이다. 비즈니스맨들의 사이에선 이미 일상용어처럼 자리 잡아가고 있는 말이기도 하다.

한마디로 말하자면, 아마존 효과란 지구 규모의 경제 질서 파괴 및 재편이다. 'amazoning'이나 'amazoned' 등의 말처럼 아마존에 의해 소멸될 가능성이 있는 산업과 기업이 많이 나타나는 것으로 인해 산업 구조가 변하는 것이다.

아마존 효과란 콕 집어 설명하기 어려운 말이기도 하다. 예를 들어, 아마존은 개별 산업뿐만 아니라 산업 그 자체의 존재 방식을 바꿀 가능성이 있다. 나중에 자세히 이야기하겠지만, 컴퓨터업계는 PC와 서버를 팔던 시대에서 서비스(클라우드)를 파는 시대로 변하고 있다. 그리고 이처럼 컴퓨터 산업을 클라우드 쪽으로 끌고 가는 변화를 일으킨 기업이 바로 아마존이다.

PC라는 하드웨어 판매에서 서버 판매로 중심이 옮겨질 때 컴퓨터업계는 이미 산업 구조의 변화를 겪었다. 그런데 그 중심이 클라우드 판매로 옮겨지면서 또 한 번 변화를 겪고 있다. 한편, 아마존은 그런 변화를 컴퓨터업계뿐만 아니라 각 업계에서 일으키고 있다. 결국 아마존 효과란 개별 기업의 소멸, 산업 자체의 소멸, 혹은 완전히 새로운 산업의 탄생이라 할 수 있을 것이다.

예를 들어, 물류망이 완전히 새로운 형태로 변할 가능성이 있다. 지금까지 물류는 소매업체나 제조업체가 배송업체에 외주를 주는 형태였다. 하지만 아마존이 스스로 물류 창고를 갖추자, 다른 기업들도 창고 기능을 스스로 갖추기 시작했다. 이제 아마존이 배송까지 스스로 하게 되면, 물류라는 정의 자체가 바뀔 것이다. 그리고 다른 기업들도 이런 변화를 따르게 될 것이다.

이와 관련된 좋은 예가 라쿠텐이다. 라쿠텐은 이미 창고를 증설하고 있다. 다른 기업들도 이에 동참하는 추세다. 소매업체뿐만 아니라, 제조업체를 포함해 물류 산업구조 자체가 바뀌고 있다. 그리고 이런 변화를 모두 한데 뭉뚱그려 아마존 효과라 한다. 그만큼 아마존 효과란 지구 전체의 경제 활동에 영향을 끼치는 대단한 변화라고 볼 수 있다.

인터넷의 가능성을 알아보지 못한 회사가 쓰러지고 있다

인터넷의 가능성을 알아보지 못한 기업들이 연달아 도산하고 있다. 아마존의 성공이 상징하는 것은 '미래에 대한 투자를 게을리하면 회사를 커다란 존망의 위기로 몰아넣는다'는 사실이다. 최근 도산한 기업들 대부분은 시대가 급변하고 있다는 것을 알아차리지 못했다.

아마존과 사업 영역이 완전히 겹쳤던 보더스Borders는 오래전부터 미국 2위의 규모를 자랑하는 서점 체인 기업이었다. 하지만 가전 할인 매장 2위를 자랑하던 서킷 시티Circuit City와 함께 어느 날부터인가 시장에서 모습을 아예 감추었다. 2017년 9월에는 완구업계의 거인이라 불렸던 토이저러스Toys-R-Us가 파산하고 말았다. 부채 총액은 약 52억 달러라고 보도되었다.

각 기업의 파산 원인은 다양하지만, 모두 자사 고객이 아마존으로 유출되었기 때문이라는 공통점을 가지고 있다. 사실 미국의 토이저러스는 2000년에 아마존과 10년간의 인터넷 판매 계약을 맺었다. 즉, 10년 동안 아마존은 토이저러스가 제공한 완구만을 팔겠다고 약속한 것이다. 당시 토이저러스의 공식 홈페이지에서 클릭하면 아마존의 완구 코너로 연결되었다. 하지만 그로부터 몇 년 후 아마존은 토이저러스가 공급하는 상품 수가 적다는 이유로 다른 완구회사와 거래하기 시작했다. 이에 화가 난 토이저러스는 계약을 파기했고, 2006년에는 독자적으로 온라인 판매 사이트를 만들었다. 하지만 때는 이미 늦었다. 온라인 시장에서 강자가 된 아마존에 대항하기에는 역부족이었던 것이다.

서점 체인 기업인 보더스도 거의 비슷한 경로를 밟아 파산하고 말았다. 그런데 이런 사례들을 살펴보면 아마존이 의도적으로 경쟁 상대를 망하게 만든 것은 아니라는 것을 알 수 있다. 그렇다기 보다는 토이저러스도 보더스도 인터넷의 가능성을 알아보지 못했다는 데 파산의 원인이 있었다. 인터넷을 무시한 결과가 몇 년도 지나지 않아 드러날 정도로 변화 속도가 빠르고 가혹한 시장 환경에서 살아남기란 하늘의 별 따기만큼 어려웠던 것이다.

　무엇보다 일본의 금융기관들이야말로 이런 사례를 타산지석으로 삼아야 할 것이다. 예를 들어, 아직도 일본에선 편의점에서의 소액 결제에 현금을 주로 사용하고 있다. 하지만 곧 다른 나라들처럼 웬만한 소액 결제는 전자화폐로 대신할 날이 올 것이다. 중국 같은 경우엔 알리페이^{Alipay} 등 전자화폐의 보급률이 이미 도심부에서는 98퍼센트에 이른다고 한다. 현금은 거의 사용하지 않고 있는 셈이다. 이미 자체적으로 아마존식 금융거래를 이루어가고 있다고 볼 수 있다. 주식시장에는 '데스 바이 아마존^{death by Amazon}'[2])이라는 말이 돌고 있다. 좀 달리 표현하자면 '아마존의 데스노트'라고도 할 수 있을 것이다.

　2017년 1월 시점에서 54개 종목이 아마존의 데스노트 리스트에 올랐다. 이 리스트는 소매업 중 공매도 잔고(38쪽 참고)가 높은 종목을 순서대로 정리해놓은 것이다. 공매도란 그 기업의 주가가 내려갈수록 이익을 볼 수 있는 구조이기 때문에 공매도 잔고가 높은 기업의 주가는 앞으로 내려갈 가능성이 크다. 실제로 '아마존의 데스노트'에 올라와 있는 이 54개 기업의 주가는 현재 계속 내려가고

---

2) 시장 통계조사 회사 비스포크 인베스트먼트 그룹 조사

공매도란

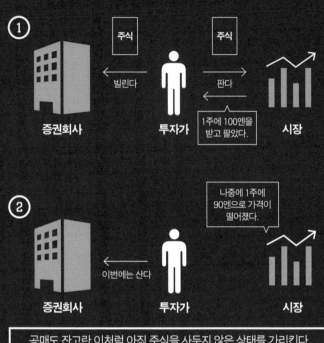

① **증권회사** ← 빌린다 — 주식 — **투자가** — 주식 → 판다 — **시장**

1주에 100엔을 받고 팔았다.

② **증권회사** ← 이번에는 산다 — **투자가** — **시장**

나중에 1주에 90엔으로 가격이 떨어졌다.

공매도 잔고란 이처럼 아직 주식을 사두지 않은 상태를 가리킨다.
(가격이 떨어질 때를 기다리고 있다.)

③

10엔 이익

＊ 만약 예상과 달리 주가가 오르면 손해를 본다.

서문

있다. 이 정도면 대부분의 소매업이 도산하는 이유는 아마존 때문이라고 볼 수 있다.

이처럼 아마존은 소매업체들에는 큰 위협이 되고 있다. 많은 기업들을 누르고, 소매업계의 왕자로 군림한다고 말해도 될 정도다.

아마존은
어떤 점이 훌륭한가

2015년경부터 미국 주식시장에서 유행어가 된 말이 있다. 바로 'GAFA(가파)'다. 구글의 G, 애플의 A, 페이스북의 F 그리고 마지막으로 아마존의 A를 따서 만든 말이다. 이곳에 마이크로소프트의 M을 더해 GAFA+M으로 바꾸어 미국의 빅5라 부르기도 한다. 이 5대 회사는 모두 신흥기업으로 시가총액이 크다.

시가총액(40쪽 참고)이란 주가에 발행된 주식 수를 곱한 것으로, 현시점에 있어서 회사의 가치를 가리키는 것이다. 쉽게 말하면 시가총액이란 그 회사를 얼마에 살 수 있는지를 나타내는 금액이다.

GAFA+M의 2018년 시가총액은 1위가 애플, 아마존은 2위였고 3위는 구글의 모회사 알파벳, 4위는 마이크로소프트, 가장 마지막

A 회사의 <u>시가총액</u>은

100억 엔

즉, A 회사를 100억 엔에 살 수 있다.

이 페이스북이었다. 이 기업들과 일본 기업들의 시가총액을 비교한 것이 42쪽의 그림이다.

시가총액에서 규모의 차이가 말도 안 될 정도로 크다. 일본 기업 중 도요타 자동차가 총액이 큰 편이지만, 그래 봤자 5위인 페이스북의 절반 정도다. 그다음으로 NTT, NTT도코모, 미쓰비시UFJ파이낸셜 그룹, 소프트뱅크Softbank가 이어진다. 일본의 상위 5개사를 모두 더해도 아마존의 시가총액 7,777억 달러(약 78조 엔)에 미치지 못한다. 게다가 일본에서 아마존의 경쟁상대로 보이는 라쿠텐은 1.1조 엔, 아마존의 당일 배송에서 손을 뗀 야마토 홀딩스는 1.2조 엔이다. 아마존의 입장에서는 불면 날아갈 듯한 금액이다. 규모가 완전히 다르다.

GAFA+M의 시가총액을 모두 더하면, 3조 6,699억 달러에 이른다. 이것은 GDP 세계 4위인 독일도 능가하는 규모다. 이 5개 회사가 미국 경제에서 얼마나 중요한 위치를 차지하고 있는지를 이해할 수 있게 만드는 수치다.

이쯤에서 주목해야 하는 것은 이 5개 기업들의 성장 속도다. 그들이 현재의 지위를 차지하고 난 이후의 역사는 아직 너무도 얕다. 애플이 세계를 변화시킨 스마트폰인 아이폰을 발매하고 나서 아

빅5의 시가총액

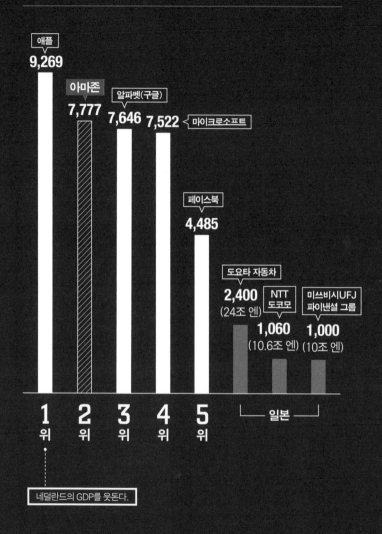

애플
9,269

아마존
7,777

알파벳(구글)
7,646

7,522 < 마이크로소프트

페이스북
4,485

도요타 자동차
2,400
(24조 엔)

NTT
도코모
1,060
(10.6조 엔)

미쓰비시UFJ
파이낸셜 그룹
1,000
(10조 엔)

1
위

2
위

3
위

4
위

5
위

└── 일본 ──┘

네덜란드의 GDP를 웃돈다.

직 10년 정도밖에 지나지 않았다. 페이스북의 경우에는 상장한 것이 2012년, 겨우 7년 전이다. 아마존도 1995년에 시작된 회사다. 이에 비해 일본의 시가총액 랭킹 상위에는 100년 된 기업들이 많다. 미국의 상위 5개 기업이 얼마나 이질적인지 알 수 있다.

빅5 중에서도
타의 추종을 불허하는 성장

—

미국의 빅5 기업 중 성장 측면에서 훨씬 앞서가는 실적을 보여주는 기업이 아마존이다. 투자자들 중에는 '머지않아 애플을 따라 시가총액 1조 달러에 이르는 기업이 되지 않을까'라고 예측하는 사람도 있다. 아마존이 이런 평가를 받는 이유는 사업 범위의 넓은 폭에 있다. 이제 더 이상 아마존을 인터넷 서점이라고만 생각하는 사람은 없을 것이다. 아마존에서 책 외에 다른 상품을 산 적이 있는 사람도 많을 것이다.

아마존은 창업 당시부터 계속 '지구상의 모든 상품을 취급하는 에브리싱 스토어'를 주장하며 급성장을 거듭해왔다. 그렇기는 해도

1999년도 아마존의 실적을 보면 회사 전체 매출의 80퍼센트는 미국 내에서 책을 팔아 벌어들인 것이었다. 그즈음까지 아마존의 이미지는 '책 판매를 중심으로 CD, 비디오, 가전제품 등을 취급하는 온라인 판매 기업'이라는 정도였다.

하지만 그 후 아마존은 지구상의 모든 상품을 팔겠다는 목표를 내걸었고, 결국 그것을 실현해왔다. 심지어 소매로 팔 수 있는 상품 이외의 것까지도 파는 수준에 이르렀다. 아마존이 소매업 이외의 어떤 사업에 손을 대고 있는지 대강 훑어보자.

먼저 AWS다. 제3장에서 자세히 설명하겠지만, AWS는 아마존의 사업 중에서 특히 비중 있게 다룰 필요가 있다고 할 만하다. 이 사업은 자사 사이트 운영을 위해 개발했던 시스템을 다른 기업들도 이용할 수 있도록 클라우드 서비스로 판매하면서 시작되었다. 이제 AWS는 세계 시장에서 30퍼센트 이상의 점유율을 자랑할 정도로 성장했다. 원래 클라우드 서비스의 본가는 IT 전문 기업인 마이크로소프트와 인터넷 전문 기업인 구글이었다. 하지만 이제는 원래 소매업을 하던 아마존이 클라우드 업계에서 가장 큰손이 되었다. 현재 일본의 IT 기업들도 클라우드 서비스를 제공하고 있다. 하지만 그 규모는 전 세계 클라우드 시장으로 세력을 뻗치고 있는 아마존의 데이터 센터들 중 한 곳의 10분의 1에도 미치지 못한다.

아마존의 프라임 회원용 서비스인 드라마 등 오리지널 콘텐츠와 스포츠 콘텐츠의 배급 사업 역시 비중이 상당하다. 오리지널 콘텐츠에 대한 아마존의 투자액은 미국의 어떤 대기업 방송국보다도 크다고 한다. 또한 미국 프로 풋볼리그인 NFL과는 연간 10경기를 실시간 중계하기로 계약을 맺고 있다. 미국인들에게 풋볼이란 일본인에게 인기 있는 스모나 야구 경기와 같다고 종종 일컬어지곤 한다. 하지만 시장 규모로만 따지면 그 몇 배에 이른다.

풋볼은 미국의 전 국민이 열광하고 있는 스포츠라 해도 좋다. NFL은 현재 아마존 이외에 4대 텔레비전 방송국과도 중계 계약을 맺고 있다. 그러나 사실 그 4개 방송국과는 2021년에 계약이 끝난다. 머지않아 방송국들도 '아마존의 데스노트' 리스트에 들어갈 날이 올지도 모른다.

미국 동영상 콘텐츠 시장의 사정은 일본과 조금 다르다. 미국에선 지상파 방송으로 드라마를 보는 사람이 거의 없다. 케이블 방송과 인터넷 등을 통해 본다. 그렇게 무수히 제공되는 드라마들 중 인기 있는 드라마에는 1회 단위로 별 평가가 붙는다. 그런데 대부분 그것을 기준으로 시청할 드라마를 결정한다고 한다.

만약 아마존 프라임 회원이 되어 평가가 높은 드라마와 NFL 경기를 무료로 볼 수 있다면 과연 어떨까?

투자조사 회사인 모닝 스타가 있다. 이 회사는 가까운 미래에 미국 내에서 아마존 프라임 가입 세대수가 케이블 TV와 위성방송 가입 세대수의 합계를 웃돌 것으로 예측하고 있다. 현재 미국 국내 프라임 회원은 8,000만 세대이지만, 앞으로는 점점 더 늘어갈 것이다. 이처럼 아마존은 텔레비전 방송국에도 아주 큰 위협이다.

2017년부터 아마존은 온라인뿐만 아니라 실제 매장 운영에도 본격적으로 진출하기 시작했다. 대표적인 사례가 고급 식자재를 파는 슈퍼마켓인 홀푸드의 매수다. 그동안 신선식품을 취급하는 일은 인터넷 판매와는 거리가 멀어 아마존의 위협으로부터 비교적 안전한 분야로 여겨졌다. 하지만 아마존은 결국 인터넷의 테두리를 넘어 새로운 곳으로 진출하기 시작했다. 뜻하지 않은 강적의 공격을 받은 신선식품업계는 충격에 휩싸이지 않을 수 없었다.

사실 2015년에 이미 아마존은 시애틀에서 아마존 북스Amazon Books라는 오프라인 서점을 개장했다. 아마존 때문에 사라져버린 서점이 아마존 때문에 다시 등장한 것이다. 그 후 '완전한 테크놀로지'를 지향하는 무인점포 '아마존 고'도 개장했다.

아마존 고는 매장에서 상품을 자유롭게 쇼핑백에 담아 매장 밖으로 가지고 나오면, 자동적으로 고객의 아마존 계정에서 대금이 인출되는 구조다. 매장 내에서는 모든 각도에서 카메라 촬영이 이루어지고 있다. 따로 점원을 둘 필요가 없는 것이다. 이토록 편리한 기술을 갖춘 매장이라면 단번에 여러 곳으로 확대될 가능성이 크다. 이제 곧 편의점들도 '아마존의 데스노트' 리스트에 들어갈 날이 올지도 모른다.

일상생활에 편리함을 주는 기술 측면에서도 아마존은 연이어 신제품을 내놓고 있다. 디지털 단말기인 킨들 리더$^{Kindle\ Reader}$, 인터넷 동영상을 텔레비전으로 시청할 수 있는 아마존 파이어 TV스틱$^{Amazon\ Fire\ TV\ Stick}$, 아마존 에코 등의 하드웨어가 인기를 끌며 팔리고 있다.

물류면에서도 아마존은 정말 훌륭하다. '아마존이라면 다음 날 도착한다'는 생각이 떠오를 정도로 뛰어난 물류망을 갖추고 있다. 고객에게 조금이라도 빨리 상품을 배달하기 위해 트럭과 비행기를 보유하며 독자적으로 물류 네트워크를 구축한 덕분이다. 현재 아마존은 이 물류망을 사용해 미국 도심부에서 다른 회사의 상품도 배달해주는 사업을 시작했다. 이제 택배 등 물류업자 또한 '아마존의 데스노트' 리스트에 올라갈지도 모른다.

아마존은 법인을 대상으로 한 금융 사업에도 손을 대기 시작했다. 아마존 마켓플레이스에 출점하는 기업에 대한 대출 서비스는 이미 하고 있다. 최근에는 이러다 은행업에 진입하는 것은 아닐까 하는 추측이 커지고 있다.

독자 여러분들은 지금까지 대강 살펴본 것만으로도 아마존이 손 대고 있는 사업의 다양함에 놀랄 수밖에 없었을 것이다. 아마존에 대해 알고자 이 책을 펼쳤는데, 오히려 어떤 회사인지 알 수 없게 되었다는 생각이 들지도 모르겠다. 온라인 판매가 아마존 매출의 반 이상을 차지하고 있기는 하다. 하지만 전체 매출 규모가 워낙 크다 보니 숨어 있는 것처럼 보일 뿐이다. 아마존의 실체를 굳이 정의하라면, 지구 전체 규모의 사업체들이 몇 개인가 융합된 거대 기업이라 할 수 있겠다. 결국 아마존은 어떤 장르를 취해도 독립된 기업으로 설 수 있다.

아마존이란 기업의 기본자세는 단순하다. 본업을 하면서 쌓은 기술과 서비스 노하우를 가지고 옆으로 확장할 만한 사업 영역을 발견하면, 재빨리 취해서 키운다. 혹은 현재 하고 있는 사업 분야와 가까운 분야가 있다면, 얼른 그쪽으로도 올라탄다. 단, 이때 아마존 의 특이한 점은 이를 위해 대규모 투자를 감행하고 각 기업을 하나 의 분야에서 최상위로 키운다는 점이다.

아마존을 세계적인 기업들과 비교해 평가하자면, 애플, 구글, 페이스북과 마찬가지로 테크놀로지 회사다. 이에 대해서는 독자들도 이견이 없을 것이다. 하지만 실제로는 애플은 스마트폰, 구글은 검색 엔진과 광고 등 한 가지 분야의 회사로 인식된다. 실제 수익도 대부분 그것에 의존하고 있다. 그런데 이들과는 대조적일 만큼 아마존의 행보는 다양하고 폭넓다. 또한 애플은 증강현실(AR) 기술, 페이스북은 가상현실(VR) 기술, 구글은 자율주행 기술 등 차세대 사업의 씨앗을 뿌리고는 있다. 하지만 현시점에서 큰 수익을 올리고 있지는 못하다. 바로 이런 점에서 다양한 분야에서 수익을 내고 있는 아마존의 특이함이 부각된다고 볼 수 있을 것이다.

경제를 좌우하는 두려운 존재, 아마존

대기업이 권력과 막강한 데이터를 갖는 것에 대한 비판은 오래전부터 있었다. 하지만 아마존에 대해선 도널드 트럼프 대통령이 2016년 선거 직전 유세 현장에서 언급할 정도였다.

트럼프는 FOX텔레비전에 출연했을 당시, "베조스는 독점 금지법으로 나한테 당할 겁니다. 중대한 위반 사항을 발견했어요. 지금 아마존은 너무 많은 분야에서 독점적인 지위를 차지하고 있어요" 라고 날카로운 공격을 멈추지 않았다. 그 영향을 받아 아마존의 주가는 트럼프 대통령 당선 직후 곤두박질쳐 한 시간 만에 10퍼센트 가까이 떨어지기도 했다.

물론 이 발언이 트럼프 특유의 선거용 공격이었을 수도 있다. 그렇다고는 해도 그만큼 아마존에 대해 혐오감을 품거나 위협을 느끼는 계층이 상당히 많다는 것을 반증하고 있다. 역시나 선거 후 트럼프와 베조스는 트럼프 타워에서 회담하며, 서로 한 발씩 양보하고 화해하는 제스처를 보여주었다. 아마존이 추구하는 10만 명 고용창출도 정권과의 대립각을 누그러뜨리기 위해 내민 '정권에 대한 아부용' 카드라는 지적이 있다.

애널리스트 중에는 디플레이션의 원인이 아마존이라고 주장하는 사람들도 있다. 이들의 의견에 따르자면, 미국이나 일본이나 아주 오랫동안 일반적인 물가가 오르지 않는 현상이 계속되고 있다. 그런데 이것이 '아마존의 판매력이 물가 상승을 억제하고 있기 때문'이라는 것이다.

'지구상의 모든 것을 값싸게'를 외치는 아마존은 '다른 매장보다

1엔이라도 비싸면 가격을 깎아드립니다'라는 캐치프레이즈를 내 걸고 세계 시장에서 장사하고 있다. 앞으로 아마존이 취급하는 상품이 늘어갈수록 가격은 점점 더 내려갈 것이다. 그렇게 되면 다른 기업들도 가격을 낮춰야 버틸 수 있게 된다. 그러므로 결국 물가는 점점 오르지 않게 된다.

이런 고찰이 과연 옳은 것인지는 좀 더 생각해보아야 할 문제다. 하지만 아마존이 세계 경제에 점점 더 큰 영향을 끼치고 있다는 것만큼은 사실이다.

그렇다고는 해도, 아마존에 부와 데이터가 집중되는 것을 규제하기 위해 기업을 분할한다면 어떻게 될까? 이에 대해 미국 〈월스트리트저널〉의 금융 담당 기자인 데니스 바먼은 트위터에서 다음과 같은 농담을 날려 큰 반응을 얻었다.

"아마존이 2025년에 분할되면 어떻게 될까? 상거래, 웹 서비스, 미디어, 물류 서비스, 인공지능, 게놈 분석…… 분할된다 해도 (각각의 영역에서) 독점 기업이 되지 않을까?"

미국 내에서 아마존이 어느 정도의 두려움의 대상인지를 잘 알 수 있게 해주는 말이다.

아마존의 사업 확장과 전환은 사실 대기업이라면 불가능한 일이다

아마존은 어디를 향해 가고 있는 걸까. 어떤 기업을 목표로 하고 있는 걸까. 아마존에 대해 조사하면 할수록 이런 의문에 대한 답을 찾기가 어려워진다. 아마 제프 베조스 자신도 잘 모르고 있는 것은 아닐까. 그만큼 베조스식 경영은 기존의 상식을 벗어나 있다.

예를 들어, AWS는 AWS대로, 프라임 회원 사업은 프라임 회원 사업대로 각각 이익을 추구하고 있다. 그만큼 사업체들은 저마다 독립적으로 운영되고 있다. 이런 경영 체제가 아주 드문 것은 아니다. 일본에서도 사업부 제도라고 해서 각 사업체에 일정한 재량을 주는 대신 실적에 대한 책임도 지게 한다. 하지만 독립된 각 사업체들도 결국 사내의 한 사업부서로 인식된다. 따라서 회사 지도부의 방침과 각 사업부서의 생각이 충돌하는 경우도 있다. 사업부서들끼리 더 많은 예산을 가져가려 하거나 사내 주도권을 쥐기 위해 경쟁을 벌이기도 한다. 이때 갈등을 조정하는 중심 역할은 사장을 중심으로 한 이사들이 담당한다.

그런데 아마존의 경우에는 각 사업체들이 완전히 서로 독립된 것처럼 보인다. 사업부문 하나하나의 책임자들은 아마 아마존 전체의 일까지는 생각하지 않고 있을 것이다. 예를 들어, AWS의 책임자는 스스로를 온라인 판매와는 전혀 관련이 없다고 거침없이 말하고 다닌다. 심지어는 몇 년 안에 온라인 판매부문의 매출을 앞지르겠다고 큰소리치고 있다. 다른 사업부서나 회사 전체에 대한 배려는 거의 느껴지지 않는 태도다. 오로지 자신의 사업부문만 생각하고 있는 듯하다.

그리고 또 하나 눈여겨보아야 할 사실이 있다. 베조스 자신 역시 사업체 하나하나를 일일이 통제할 생각이 전혀 없어 보인다는 것이다. 어쩌면 바로 이런 이유 때문에 아마존은 사업을 옆으로 확장하기 쉬워진 것인지도 모른다. 동시에 어떤 회사인지 정체를 알기가 어려워진 것인지도 모른다.

회사 대표가 직접 통제하지 않고 현장 인력들에게 재량권을 준다고 하자. 그러면 사업체들은 본사의 허락을 기다리지 않고 재빨리 의사결정을 할 수 있다. 아마존이 급성장할 수 있었던 데는 아마 이런 재빠른 대처 능력의 힘이 컸을 것이다. 본사에서 각 사업체를 관리하지 않으면 그만큼 관리 비용도 줄어든다. 하지만 이런 주장도 어디까지나 결과론일 뿐이다. 베조스가 얼마만큼 관여해 아마존의 현재 체제를 이루었는지는 불분명하다. 물론 어떻게 하다 보니 오늘날의 아마존이 이루어졌을 가능성도 배제할 수는 없다.

amazon

제
1
장

다양한 상품과
싼 가격을 실현한 구조

압도적인 상품 수와 싼 가격이
어떻게 가능한 걸까

—

인터넷의 등장으로 손쉬운 온라인 쇼핑이 가능해졌다. 같은 사이트에서 먹을 것, 입을 것, 심지어 읽을거리까지 한꺼번에 장바구니에 담을 수 있다. 다양한 상품을 같은 화면에서 선택하고 간단한 지불 방법으로 결제까지 마칠 수 있다. 이런 온라인 쇼핑의 편리함을 최대한 끌어올린 기업이 바로 아마존이다.

> "고객이 아마존 사이트 하나 안에서 모든 것을 사고, 모든 서비스를 받도록 만든다."

창업 이래 제프 베조스가 언론을 향해 아마존에 대해 이야기할 때 줄기차게 써온 표현이다.

먼저 제1장에선 아마존의 출발점이자 지금도 아마존 전체 매출의 절반을 차지하고 있는 '소매업'에 대해 살펴보고자 한다. 아마존의 기업 이념은 '지구상에서 가장 고객을 소중히 여기는 기업'이다. 상품 종류가 많고 싸다. 이것이 바로 아마존이 강한 이유다. 그런데 어떻게 이 일이 가능해진 것일까? 지금부터는 그 구조를 알아보고자 한다.

아마존은 '지구상에서 가장 다양한 상품 종류'를 슬로건으로 내걸고 있다. 제프 베조스가 시애틀에 기업을 세워 온라인 서점을 시작했을 때부터 변하지 않는 목표다. 도서 판매부터 시작한 것은 책에 대한 특별한 신념 같은 것이 있어서는 아니었다. 책은 누가 팔아도 품질의 차이가 나지 않고, 포장과 발송도 어렵지 않은 상품이라 선택했을 뿐이다. 그런데 이제 아마존은 DVD와 게임기, 구두와 옷에서부터 세제 등의 일상용품 및 사무용품, 그리고 공구까지 취급하고 있다. 앞에서도 언급했듯이 이제는 EC^{Electronic Commerce}(온라인 판매 혹은 전자상거래) 분야에선 취급하기 어렵다고 생각되는 신선식품까지 다루기 시작했다.

그렇다면 '지구상에서 가장 다양한 상품 구성'이란 도대체 어느 정도의 상품 수를 말하는 것일까. 아마존은 세계 각국에서 사업을 전개하고 있지만, 물론 최대 시장은 품 안에 있는 미국 시장이다. 미국의 시장조사 회사의 발표에 따르면, 2016년 5월 시점에서 미국 내 아마존이 취급하는 상품 수는 1,220만 품목에 이른다고 한다.

SKU^{Stock Keeping Unit}라는 단위가 있다. 같은 상품이지만 색과 크기 등이 다르면 다른 상품으로 취급하는 것이다. 일본의 거대 식품 슈퍼마켓의 SKU는 1만 5,000점 정도다. 한편, 아마존의 SKU는 명확히 공개되지는 않았다. 하지만 SKU의 특수성을 고려한다고 해도 믿기 어려울 정도로 많은 품목을 취급하고 있다. SKU로 상품을

SKU　Stock Keeping Unit(상품을 세는 방법 중 하나)

같은 티셔츠라 해도……

6SKU 로 계산한다.

> **SKU**
>
> 1980년대까지는 기본적으로 상품의 수로 관리했다.
> 하지만 SKU로 상품을 나누어 세기 시작하자 매출도 오르기 시작했다.

나누는 기준은 기업 스스로 관리하기에 편리한 방향으로 결정한다. 따라서 기업마다 차이가 있다.

일본의 아마존 사이트에서도 생활과 일에 필요한 물건들 대부분을 살 수 있다. 심지어 미국과 마찬가지로 일본 아마존 역시 온라인에서는 팔기 어려울 것이라고 생각되는 것들까지도 판다. 예를 들어, 자동차가 그렇다. 놀랍게도 자동차 용품이 아닌 자동차 그 자체를 아마존에서 팔고 있다. 신차뿐만 아니라 중고차도 취급한다. 게다가 중고차의 소모성 부품은 전부 신품으로 바꾸어준다. 아마존의 다른 상품들과 마찬가지로 전국 어디든 배송해준다. 반품도 가능하다. 이처럼 온라인에서 자동차를 팔 때도 소비자들이 구매시 느끼는 심리적인 장벽을 낮추어주려 노력하고 있다.

여기서 더 나아가 가격 체계가 명확하지 않은 것까지 팔기도 한다. 예를 들어, 장례식이나 집안의 큰 제사를 이끌어가는 승려를 파견해주는 서비스로 한동안 장안의 화제가 되기도 했다.

모든 상품을 취급하는
마켓플레이스의 구조

-

아마존이 이토록 다양한 상품 구성을 갖출 수 있는 가장 큰 이유는 마켓플레이스의 특수한 구조 덕분이다. 마켓플레이스란 아마존 이외의 사업자들이 출품할 수 있는 온라인 시장이다. 간단히 말하자면, 라쿠텐과 비슷한 구조다. 다른 점이 있다면 화면상으로 보았을 때 아마존 직판 상품과 다른 사업자들이 출품한 상품 사이에 차이가 보이지 않는다는 것이다. 둘 다 같은 형식으로 판매하고 있다. 그래서 소비자는 군이 아마존 직판 상품인지 아닌지에 신경 쓰지 않고 물건을 장바구니에 담게 된다. 마켓플레이스에 다른 사업자들이 출품한 상품은 아마존 직판 상품 수의 30배로, 약 3억 5,000품목을 웃돈다.

이것은 도서, 동영상 콘텐츠, 와인 서비스를 제외하고, 게다가 상품마다의 다양성을 고려하지 않고 대충 계산한 결과다. 게다가 2016년 5월 시점에서 계산한 것이라 지금은 더욱 늘어났을 것이다. '지구상에서 가장 풍부한 상품 구성'이라는 광고 문구 그대로 정말 무엇이든 다 갖추어놓고 판매하는 아마존이라 할 수 있다.

라쿠텐과 다른 점을 좀 더 이야기해보자면, 지불이 아마존을 통해 이루어진다는 점도 다르다. 라쿠텐에선 상품 대금을 출품업자

각자에게 소비자가 직접 지불한다. 하지만 아마존에선 아마존이 직접 관리한다. 소비자들의 입장에선 보지도 듣지도 못한 사람에게 신용카드 번호를 알려주지 않아도 되니 좋다. 아마존으로서의 이점은 고객의 구매 정보를 전부 알 수 있다는 점이다. 심지어 소비자의 가족 단위로 정보를 분류해 보유할 수도 있다. 이럴 경우 소비자의 아내의 생일이 다가오면 여성용 시계 같은 물건을 추천할 수 있다.

예전에는 아마존의 위협에 노출된 소매업자들이 세우는 전략은 '아마존과 어떻게 싸울까'였다. 하지만 아마존이 이들을 마켓플레이스로 끌어들여 놀라운 상품 구성을 갖추게 되었다. 그러자 이제 소매업자들의 전략은 '아마존을 어떻게 이용할까'로 바뀌고 있다. 월마트 스토어즈와 세븐 앤 아이 홀딩스セブン&アイ・ホールディングス와 같은 일부 초대형 기업의 입장은 다르겠지만 말이다.

전 세계 아마존 사이트들의 매매 내역을 보면, 마켓플레이스에 출품하는 사업자에 의한 상품출하 수가 전체의 50퍼센트를 넘어섰다(2017년 1~3월). 즉, 아마존이 스스로 직판하는 상품보다도 아마존 이외의 소매업자들의 상품을 취급하는 경우가 더 많아지게 되었다는 것이다. 당연한 이야기지만, 마켓플레이스에 출품하는 외부업자가 많으면 많을수록 상품의 품목 수는 증가한다.

이쯤에서 하나의 의문을 품지 않을 수 없다. 왜 수많은 외부업자들은 아마존의 마켓플레이스에 출점하려 드는 걸까? 아마존에는 많은 소비자가 찾아오기도 하지만, 수많은 출품업자들 간의 경쟁도 더없이 치열하다. 그야말로 경쟁이 치열한 아마존이 아니라 라쿠텐 이치바를 이용해도 좋을 것이다. 그런데도 굳이 아마존의 마켓플레이스를 이용하게 만드는 힘은 어디서 오는 것일까?

마켓플레이스를 이용하고 싶어지는 것은 FBA 덕분

마켓플레이스라는 '온라인 시장'에는 외부 기업이 무의식중에 사용하고 싶어지는 서비스가 준비되어 있다. 가장 눈에 띄는 것이 풀필먼트 바이 아마존Fulfilment By Amazon(아마존식 주문 이행) 서비스, 즉 FBA다. 이것은 마켓플레이스에서 출점업자에게 제공하는 서비스 중 하나다. 마켓플레이스란 그냥 온라인의 판매 공간에 지나지 않는다. 하지만 이곳에 마련된 FBA를 이용하면 어떤 기업이라도 아마존의 든든한 인프라를 사용할 수 있다.

FBA의 구체적인 내용을 들여다보자면, 상품 보유에서부터 주문 처리, 출하, 결제, 배송, 반품 대응까지 전부 다 아마존이 대행해주는 것이다. 오프라인 매장이 없어도, 자사의 쇼핑몰 홈페이지를 따로 만들지 않아도, 마켓플레이스에 출점하고 아마존의 창고에 상품을 맡겨 두기만 하면 아마존이 알아서 팔아주고 배송해주는 구조다.

부릴 수 있는 인력에 한계가 있는 개인 사업자와 중소기업에는 이 서비스가 아주 큰 도움이 될 것이다. 아마존의 배송 기능과 고객 서비스 기능을 사용해 전 세계 몇 백만 명에 이르는 고객과 접점을 가질 수 있게 되기 때문이다.

FBA 창고는 연중무휴로 가동한다. 휴일이라도 당일 발송이 가능하다. 때문에 '한시라도 빨리 받고 싶다'는 고객의 심리를 잘 헤아려 기회 손실을 막을 수 있다. 또한 이용 요금도 부담이 없다. 무엇보다 월정액이라는 고정비가 없다. 발생하는 것은 상품 면적과 보관 기간에 따른 수수료, 상품 금액과 중량에 따른 배송 대행 수수료뿐이다. 그 외엔 어떤 비용 부담도 없어 중소기업들엔 큰 매력이다.

FBA를 이용하는 기업들에는 그 기업의 해당 페이지에 프라임 마크를 달아준다. 이 프라임 마크가 있으면 무료로 당일 혹은 익일 배송이 가능하다는 의미다. 때문에 아무래도 고객의 선택을 받을 가능성이 커진다. 많은 기업이 FBA의 혜택을 누리고 있다. FBA를 채택한 약 80퍼센트의 매장에서 매출이 늘고 있다고 한다(《아마존과 물류 대전쟁》NHK 출판신서).

마켓플레이스와 FBA가 생겨난 배경에는 헌책 중개상으로서의 아마존의 경험이 녹아 있다. 헌책 중개상이란 헌책방을 돌아다니며 가치 있는 헌책을 싸게 사 비싸게 되파는 사람이다. 아직 아마존이 책을 파는 데 중점을 두고 있을 때 헌책 중개상들을 위한 장을 마련해준 것이 출발점이었다.

아마존은 이 중개상들에게 창고의 빈 공간을 제공하고 발송 대행까지 해주었다. 그리고 아마존이 도서 이외의 영역으로 판매 상품을 늘려감에 따라 가전제품, 잡화, 음료 등 거의 모든 상품에 이 서비스를 제공하게 되었다. 제품은 중고품에서부터 신품까지, 판매자는 개인에서부터 기업까지 아마존 마켓플레이스에 참여하면 누구나 이런 서비스를 이용할 수 있게 되었다.

FBA는 이렇게 해서 자연발생적으로 생겨난 것이다. 그런데 놀랄 만한 것은 그 압도적인 속도다. 아마존은 무엇이든 조금이라도 수요가 있으면, 그것이 구매 수요든, 서비스 수요든, 기업으로부터의 수요든 민감하게 알아차려 실행에 나선다. 즉, 작은 수요도 놓치지 않고 빛과 같은 속도로 대응해 그에 맞는 상품을 파는 기업이 아마존이다. 아마존의 입장에선 지구상의 모든 존재가 고객으로 보일지도 모르겠다.

아마존은 자사가 진출하는 모든 나라에서 이 FBA를 도입하고 있다. 100개국 이상의 출품자가 이를 이용해 국경을 넘어 180개국 이상의 고객에게 상품을 팔고 있다. 전 세계적으로 FBA를 이용한 배달은 연간 10억 품목을 넘어서고 있다. 어찌 보면 아마존은 '지구상에서 가장 풍부한 상품 구성'이 가능한 구조를 자연스럽게 터득해나갔다고 할 수 있다.

아마존만이 할 수 있는 물류 서비스는 출품자에게도 매력적

-

주문한 상품을 배송료 무료로 당일 혹은 다음 날 받을 수 있음을 나타내는 프라임 마크. 소비자의 구매를 크게 좌우하는 이 마크는 원래 FBA를 이용하는 기업의 상품에만 붙는 것이다. 그런데 마켓플레이스만 이용하는 출품자에게도 이 마크를 붙여주는 서비스가 있다. 일본에선 2016년 10월에 시작된 마켓프리프라임 Market Free Prime 이다.

이 프라임 마크를 사용하려면 높은 수준의 조건을 갖추어야 한다. 지난 30일 동안 기일 내 배송률 96퍼센트 이상, 추적 가능률 94퍼센트 이상, 출하 전 취소율 1퍼센트 미만 등이다. 이처럼 엄격한 아마존의 요구 조건을 만족시킨 사업자들만이 자사의 출품 항목에 프라임 마크를 달도록 허가받는다. 수수료는 완전 무료. 즉, 아마존이 제시하는 조건만 만족시키면 요금을 한 푼도 지불하지 않고 이용할 수 있다.

마켓프리프라임의 장점은 고객을 응대하는 대부분의 서비스를 아마존이 대신해준다는 점이다. 아마존의 입장에선 더 많은 출품자들이 프라임 마크를 달게 되면, 주문이 늘어나고 상품 전체의 유통량도 많아진다는 장점이 있다. 미국, 영국, 독일, 프랑스, 일본 등 5개국에서 2017년 5월 기준 600만 종류 이상의 상품에 이 서비스가 적용되고 있다. 아마존은 출품자들 사이에서 프라임 마크에 대한 수요가 있다는 것도 놓치지 않고 재빨리 대응해 섬세한 서비스를 실행하고 있다.

중소기업에 FBA는
해외 진출의 발판이 된다

―

어떤 기업이 새롭게 무언가를 수출하려 한다고 치자. 수출에는 여러 가지 제한이 따른다. 우선 많은 신청서를 작성해야 한다. 세금도 내야 한다. 시간도 인력도 돈도 들어간다. 중소기업이나 영세기업에 이러한 수출 과정 준비는 큰일이다. 하지만 이것도 FBA를 사용하면 쉽게 해결된다. 수출하고 싶은 나라의 FBA를 이용하면 된다. 나라마다 수출이 가능한 상품과 가능하지 않은 상품이 있다. 하지만 가능한 상품이라면 아마존이 모두 대행해서 수출해준다. 따라서 중소기업 중에는 FBA를 해외 진출의 발판으로 삼는 기업이 많다.

특히 유럽 여러 나라에서는 2016년 '범유럽 FBA'가 시작되었다. 배송 지역이 유럽 전역으로 바뀌면서 출품자는 EU 내의 다른 나라 고객들에게도 주문 상품을 쉽게 배달할 수 있게 된 것이다. 이제 중소기업이나 영세 기업들도 이 제도를 이용해 수출 비즈니스를 간단히 시작할 수 있게 되었다. 뿐만 아니라 EU 내의 고객들은 외국 출점자가 파는 상품을 보다 쉽게 저렴한 배송료로 살 수 있게 되었다.

이런 경우에도 출품하는 기업이 할 일은 국내의 경우와 다르지 않다. 상품을 아마존에 등록하고 지역의 아마존 창고로 상품을 보내는 일만 하면 된다. 그러면 아마존은 각 지역마다의 수요를 지금까지의 구매 데이터를 바탕으로 예측한다. 그러고는 상품을 유럽 7개국의 합계 29개국의 창고로 자동 분배해준다. 그리고 고객으로부터 주문이 들어오면 고객이 사는 곳과 가장 가까운 창고로부터 상품을 발송하는 것이다.

머지않아 아시아 및 중동 등 다양한 지역에서 이와 비슷한 일이 가능해질 것이다. 이와 같이 국경을 자유롭게 넘나드는 온라인 판매는 고도의 IT 기술이 있기 때문에 가능한 일이다. 국제 거점을 넘나드는 재고 관리를 비롯해 물류업자나 금융기관과의 시스템 상호 접속, 자동 창고 및 막대한 인력 관리 등을 모두 최첨단 IT 기술이 실현하고 있다. 그리고 바로 이런 점이 다른 기업들은 도저히 넘어서기 어려운 아마존만의 강점으로 연결되고 있다.

라쿠텐에서 파는 상품도
아마존 창고에서 나간다

–

아직 그다지 알려지지는 않았지만 FBA를 이용하면 아마존을 경유하지 않는 고객의 주문에 대해서도 대응할 수 있게 된다. 2009년에 시작된 멀티채널이 바로 그것이다.

이것은 업자가 아마존 이외의 사이트에서 상품을 판 경우에도 출하를 아마존이 대행해주는 구조다. 즉, 경쟁업체인 라쿠텐이나 야후 쇼핑에서 파는 물건도 아마존의 창고에서 발송할 수 있다. 기업 입장에선 여러 사이트에서 물건을 팔아도 아마존의 창고로만 상품을 보내는 구조다. 아무리 여러 사이트에서 물건을 팔아도 출하는 아마존 창고 한 군데서만 할 수 있게 되기 때문이다.

이것은 소박하지만 아주 혁명적인 구조다. 보통의 기업들은 여러 사이트에서 온라인 판매를 하고 있다. 따라서 자사 쇼핑몰을 포함해 여러 사이트로 상품을 발송하거나 재고 관리를 하는 번거로운 작업을 해야 한다. 그런데 멀티채널을 이용하면 기업은 이런 복잡하고 번거로운 작업으로부터 해방될 수 있다.

개인 상점이나 중소기업의 상품은 훌륭하다 해도 판매처와 물류망이 약해 곤란한 경우가 많다. FBA를 이용하면, 이 두 가지 과제를 동시에 해결할 수 있다. 그것도 아마존의 거대하고 든든한 물류 기능을 사용해 상품을 발송할 수 있다. 새로운 사업을 벌이기에 이보다 더 도움이 되는 조건도 없을 것이다.

자신은 상품을 기획하고, 설계와 제조는 중국 기업 등에 맡기고, 아마존의 물류망을 통해 팔면 된다. 이런 구조라면 개인이 혼자서도 몇 백억이 오가는 비즈니스를 시작할 수 있다. 이처럼 아마존은 출품자에게도 정말 편리한 서비스를 제공하고 있다. FBA를 이용하는 업자가 그토록 많은 이유를 알 수 있게 한다. 아마존의 이처럼 편리한 물류 시스템은 단순한 쇼핑몰 형태인 라쿠텐이나 야후 쇼핑에 비해 매력적이고 결정적인 차별화 요소가 되어가고 있다.

광고가 있기 때문에
아마존 출품만으로 판매는 완결된다

–

출품자들이 마켓플레이스를 사용하고 싶게 만드는 구조적인 이유는 FBA 때문만은 아니다. 광고도 매력적이다. 아마존에 출품한 사업자는 아마존 쇼핑몰 사이트의 상품 광고 코너에 자신의 상품을 노출시킬 수 있다. '스폰서 프로덕트'라 불리는 이 코너에 상품을 띄우면 클릭당 요금이 부과된다.

아마존은 고객이 쇼핑몰 사이트에서 검색한 키워드 데이터를 가지고 있다. 이 데이터를 바탕으로, 고객이 보고 있는 사이트에 키워드와 관련된 상품의 광고를 띄워준다. 고객이 광고에 나온 상품을 한 번 클릭할 때마다 지불하는 단가는 2엔부터 시작된다. 야후는 10엔부터 라쿠텐은 50엔부터다. 때문에 아마존의 단가가 비교가 안 될 정도로 싸다. 또한 아마존 이용자라면 광고를 통해 구매로 연결될 가능성이 크다. 뿐만 아니라 화면이 통일되어 보기 쉽기 때문에 투자 대비 큰 효과를 볼 수 있다.

아마존의 광고가 FBA 서비스와 합쳐지면 상품 홍보에서부터 출하까지 아마존만으로 완결된다. 인력이 모자라는 소규모 기업들도 이제 아마존만 있으면, 매장과 물류 시스템은 물론이고 광고 시스템까지 확보하는 셈이다.

싼 가격은 방대한 인기 상품 데이터에서 비롯되는 것

—

아마존의 상품 수가 비교도 안 될 정도로 많은 이유가 마켓플레이스라는 구조에 있다는 것을 지금까지 살펴보았다. 출품 사업자에게 이보다 더 편리한 구조는 없을 것이다. 그런데 마켓플레이스는 사업자에게 불이익을 전혀 주지 않는 것일까. 유감이지만 그럴 리는 없다. 그리고 바로 그런 점 때문에 아마존은 다른 어떤 쇼핑몰보다 싸게 팔기 위한 정보의 원천을 확보하게 되었다.

아마존의 상품은 가격이 전반적으로 싸다. 심지어 많은 상품들이 무척 싸다. 시험 삼아 가격 비교 사이트에 대충 생각나는 상품 이름을 입력하고 검색해보니 모두 아마존이 상위에 뜬다. 최근 한 회사의 컵라면 20개 상품을 조사해보았다. 그랬더니 2,904엔으로 2위와 비교했을 때 배송료를 포함해 20퍼센트 정도 쌌다(2018년 5월 10일 시점). 대형 슈퍼마켓 할인가격과 비교해보아도 눈에 확 띌 정도의 가격 차이를 실현하고 있다.

원래 아마존은 직판만 하던 시절부터 다양한 상품을 확보해 낮은 가격으로 승부를 내기로 유명했다. 그런데 이런 상황에서 마켓플레이스에 출품하는 사업자들의 판매 데이터까지 얻게 되었다.

예를 들어, 어떤 출점 기업이 마켓플레이스를 이용해 아마존이 직판하고 있지 않은 상품을 팔아 인기를 끌었다고 하자. 판매 대금 지불을 관리하는 아마존은 그런 판매 정보를 훤히 들여다볼 수 있다. 아마 곧 그 상품을 들여와 더 싼 가격에 직판으로 팔기 시작할 것이다.

이렇게 해서 아마존은 또 하나의 인기 상품을 어떤 사업자들보다도 낮은 가격으로 제공할 수 있게 된다. 게다가 인기 상품과 가격에 대한 정보는 아마존의 시스템상 정확하게 기계적으로 파악할 수 있다. 때문에 아마존의 상품 매입 담당자는 거의 자동적으로 이런 상품들을 계속 수배할 수 있다. 이런 경우 중소기업은 채산이 맞지 않는 가격으로 아마존과 경쟁할 수밖에 없다. 그렇다고 아마존을 떠나자니 매출이 더욱더 떨어질까 봐 걱정된다.

'설마 아마존과 같은 대기업이 그런 일까지 할까'라고 생각하는 독자들도 있을 것이다. 하지만 아마존에는 이미 이런 철저한 가격 공세로 미국 내 라이벌 기업들을 무참히 파산시킨 역사가 있다.

마켓플레이스는 출품자들에게 더없이 편리한 것이기도 하다. 하지만 정신을 차리고 보면 아마존에 정보를 모두 빼앗겨버리고 옴짝달싹할 수 없는 상황에 빠질 위험도 있다. 실제로 아마존에 자사의 인기 상품 정보를 알려주고 싶지 않아 마켓플레이스를 피하는 기업도 있다고 한다.

스타트업 기업을
최초로 키워주며 함께 성장한다
-

21세기 들어 등장했던 많은 신상품과 새로운 서비스는 대부분 스타트업 기업들이 만들어낸 것이다. 상품으로서는 드론 시장을 독점하고 있는 DJI, 웨어러블 카메라인 GoPro 등이 대표적인 예다. 사실 아마존도 새로운 서비스를 제공하는 스타트업 기업이라고 할 수 있다.

스타트업 기업들의 신상품은 대부분 너무 새로운 콘셉트로 접근한다. 때문에 처음엔 자세한 설명이 없으면 잘 팔리지 않는다. 아마존에서는 이런 스타트업 상품의 판매에 대해 조언해주는 서비스까지 하고 있다. 스타트업 상품을 빨리 포착해 키워주면, 그 상품이 팔리면서 형성되는 새로운 시장을 선점해 장기적인 기회 손실을 막을 수 있기 때문이다.

스타트업 기업을 대상으로 하는 지원제도는 아마존 런치패드Amazon Launchpad라는 명칭으로 일본에서는 2017년 1월에 시작되었다. 먼저 스타트업 상품만의 전용 페이지인 아마존 런치패드 스토어가 있다. 그리고 그것을 축으로 아마존에서는 스타트업 기업들의 상품 판매를 지원한다.

이 페이지에서는 사진과 동영상을 사용해 상품의 특징 등을 설명할 수 있다. 상품에 대한 설명뿐만 아니라 상품 개발에 이르기까지의 배경과 개발자의 생각 등도 담는다. 그렇게 일반적인 아마존 상품 판매 페이지와는 다르게 특별한 구성으로 꾸미고 있다.

아마존 런치패드의 가장 큰 특징은 스타트업 기업에 필요한 대부분을 전적으로 지원해준다는 것이다. 담당자를 파견해 상품 등록과 상품 페이지 작성을 도와주고, 광고와 물류 대행, 자금 조달 등 아마존이 제공하는 모든 서비스를 전적으로 활용할 수 있도록 해준다. 아마존에 출품하고 판매를 늘리기 위해 필요한 전면적인 지원을 받을 수 있다고 해도 지나친 말이 아니다.

게다가 이 모든 지원을 받는 것에 대한 수수료는 일반 수수료에 5퍼센트만 더 내면 된다. 5퍼센트를 더 낸다고는 하지만, 물심양면의 판촉 지원까지 받는 것을 고려하면 오히려 저렴한 비용이라 할 수 있다.

아마존을 이길 수 없는 이유, 차원이 다른 즐거움을 주는 서비스

–

지금까지는 아마존만의 압도적인 상품 수와 가격이 어떻게 가능한지를 알아보았다. 그렇다면 이제부터는 아마존의 고객 서비스가 가진 힘을 살펴보겠다.

아마존은 지구상에서 '가장 고객을 소중히 여기는 기업'이라고 늘 홍보한다. 사실 아마존의 고객 서비스는 정말 훌륭하다. 인터넷에서 주문하면 당일 혹은 다음 날에 물건이 도착한다. 인기 있는 음악이나 드라마, 전 국민이 열광하는 스포츠까지 무료로 즉시 볼 수 있다. 심지어는 사진을 보관하는 클라우드 서비스도 이용할 수 있다. 이렇게 고객을 위한 새로운 서비스들이 줄지어 제공된다. 그러다 보면 고객은 자신도 모르는 사이에 하루 중 아마존을 이용하는 시간이 점점 늘어가게 된다.

결과적으로 아마존이 생활에서 차지하는 비중이 점점 커진다. 따라서 아마존의 서비스 없이는 생활이 불편해진다. 그러다 보면 어느새 탈퇴할 마음은 완전히 사라지고 만다. 게다가 아마존이 제공하는 서비스로 인해 고객이 불이익을 당할 일은 전혀 없다. 지나칠 정도로 고객의 마음을 알아주는 서비스가 생활 구석구석에까지 영향을 끼치고 있을 뿐이다.

미국의 조사회사의 발표에 따르면, 아마존 이용자의 60퍼센트가 프라임 회원이다. 또한 앞에서 언급했듯이 아마존 이용객들은 비회원인 경우에는 연평균 700달러를, 정회원인 경우에는 그 2배에 가까운 1,300달러를 소비하고 있다. 프라임 서비스가 이용자를 얼마나 아마존에 푹 빠져 지내게 만드는지를 잘 보여주는 수치다.

실제로 미국 아마존의 연회비는 처음엔 79달러였지만, 2014년에 99달러로 올랐다. 하지만 회비 인상에도 그해 회원 수는 50퍼센트 증가했다고 한다. 게다가 2018년 4월에도 99달러에서 119달러로 회비의 추가 인상이 있었다.

이쯤에서 흥미 깊은 사례를 한 가지 소개하고자 한다. 아마존의 경쟁상대인 월마트가 아마존 프라임과 비슷한 서비스를 시작했던 적이 있었다. 익일 배송과 반품 무료 혜택을 주는 회원제 서비스였다. 하지만 1년도 지나지 않아 이 서비스는 폐지되었다. 회비는 49달러로 99달러인 아마존 프라임에 비해 50달러나 저렴하게 책정되었다. 하지만 결과는 참담한 실패였다. 이는 아마존 프라임의 가치가 신속한 배송에만 있지 않다는 것을 꿰뚫어보지 못한 데서 온 참패였다. 프라임 회원 중 적지 않은 수는 신속한 배송에만 이끌려서 프라임 회원으로 등록한 것이 아니었다.

월마트의 고객을
프라임 서비스 안으로 끌어들이다

-

거꾸로 아마존도 2017년에 들어서면서 월마트의 고객을 끌어들이기 위한 작업을 시작했다. 목표로 삼은 것은 저소득층. 구체적으로는 푸드스탬프 수급자다. 푸드스탬프는 다른 나라에선 낯선 말이다. 정부가 지급하는 배급권이라고 생각하면 된다. 일본에서는 생활보호 대상자에게 현금을 지급하지만 미국에서는 푸드스탬프 형태로 지급한다. 이것을 식료품과 교환할 수는 있지만 술이나 담배는 안 된다. 푸드스탬프는 전자결제용 카드 형태로 되어 있다. 한 사람당 월 125달러 정도를 쓸 수 있다.

2016년 푸드스탬프 수급자 수는 미국 국민의 10퍼센트를 약간 넘는, 4,420만 명 정도였다. 그런데 푸드스탬프의 수급자가 빈번하게 이용하는 쇼핑몰이 바로 월마트다. 이를 잘 보여주었던 에피소드도 있다.

2013년에 미국의 17개 주에서 푸드스탬프 시스템이 정지되는 사고가 발생했다. 식료품을 무료로 구입할 수 있는 카드를 사용할 수 없게 된 것이다. 그때 한 주에서 월마트의 두 군데 매장을 지정해 푸드스탬프 카드를 가진 고객에게는 지불을 면제하는 조치를 취했다. 그랬더니 그 점포로 수급자들이 몰려들어 진열대에 있는 거의 모든 상품을 가지고 가는 바람에 경찰이 출동하는 일이 벌어졌다. 딱히 체포된 사람들이 생긴 것은 아니었지만, '8~10개의 쇼핑 카트로 물건을 실어 나르는 사람이 있었다' 혹은 '700달러가 넘는 고가품을 가지고 사라져버렸다'는 말이 돌았다고 한다. 푸드스탬프 수급자들이 얼마나 월마트를 '사랑하고(?) 있는지'를 알 수 있게 해준 이야기였다.

아마존은 바로 이런 계층을 끌어들이기 위해 온라인 쇼핑몰에서 식료품을 구입할 때 푸드스탬프 카드를 시험적으로 사용하도록 했다. 온라인 쇼핑몰에서는 시스템에 문제가 생기더라도 누군가가 상품을 들고 가는 일은 벌어지지 않는다. 또한 아마존은 이들 저소득층을 대상으로 프라임 회비를 기존의 반값인 월 5.99달러로 깎아주는 정책도 시행하고 있다. 원래 프라임 서비스의 회비는 월정액 13달러로, 일정 정도 이상 소득이 없으면 이용하기가 어렵다. 하지만 월 6달러를 내고 좋아하는 동영상과 음악을 원하는 대로 보고 들을 수 있다면 저소득층에서도 이용자가 늘어날 가능성이 커진다. 이런 정책들을 통해 아마존이 일관되게 주장하는 취지는 '저소득층도 소중한 고객'이란 것이다. 이제 앞에서 언급한 '아마존의 데스노트' 리스트에 월마트가 들어갈 날이 곧 올지도 모르겠다.

고객이 원하는 것을 예측해
출하하는 특허기술

—

아마존의 서비스 능력을 잘 보여주는 사례로 2013년 12월에 승인된 특허가 있다. 바로 '예측 출하'로, 고객이 구매를 클릭하기 전에 상품을 배송해버리는 시스템이다.

'예측 출하'란 말 그대로 아마존의 예측에서 시작된다. 고객이 주문하기 전에 미리 상품을 예측해 포장한 뒤, 고객의 집과 가까운 배송센터 트럭 속에 보관해 둔다. 그리고 실제로 이 상품을 구매하는 버튼이 눌러지면 바로 배송이 시작된다. 그렇게 상품이 최대한 빨리 고객의 집에 도착하도록 해주는 서비스다.

이 서비스를 위해 아마존은 고객이 지금까지 구매한 상품, 검색 이력, 쇼핑카트 속에 담았던 내용물, 반품 실적, 특정 상품 위에 커서가 머무는 시간 등을 정리해 앞으로 무엇을 주문하게 될지를 미리 예측한다. 사실 고객이 무엇을 원하는지를 알아내는 것은 그리 어려운 일이 아니다. 이에 대해 소매업계에서는 아주 오래전부터 빈번하게 연구해왔다. 그러다 보니 데이터 축적이 잘되고 있는 현대에서는 어떤 고객이 몇 시간 안에 무엇을 주문할지 상당히 정확하게 예측할 수 있다.

하지만 아마존의 훌륭한 점은 모든 상품과 모든 고객에 대해 정확히 예상해 실제로 상품을 출하할 수 있는 능력을 갖추고 있다는 것이다. 방대한 데이터와 물류 시스템을 갖추고 있기 때문에 가능한 일일 것이다. 아마존이 목표로 하는, '소비자가 사고 싶다고 생각한 순간 물건을 손에 넣을 수 있는 세상'이 점점 가까워져오고 있다.

아마존과 라쿠텐의 비즈니스 모델의 차이

아마존의 소매업 비즈니스 모델에 대해 정리해볼까 한다. 업태가 비슷한 라쿠텐과 비교하면 훨씬 이해하기가 쉬울 것 같아 라쿠텐도 함께 살펴보고자 한다.

독자들의 눈에는 라쿠텐은 예전만큼 번창하지 않고 아마존이 혼자 독주하듯이 성장하는 것처럼 비칠지도 모른다. 하지만 사실 이것은 비즈니스 모델의 차이가 가져다준 결과라고 해도 지나치지 않다.

라쿠텐은 아마존과 거의 동시인 1997년에 설립된 기업이다. 아직 사람들이 온라인 쇼핑에 익숙하지 않을 때 라쿠텐은 온라인 쇼핑몰 라쿠텐 이치바를 개설해 2000년에 주식을 상장시켰다. 직원 수는 그룹 전체적으로 1만 5,719명이다(2018년 3월 시점).

다양한 사업을 벌이고 있는 점도 라쿠텐이 아마존과 비슷한 점 이다. 현재 인터넷에서 숙박 예약을 할 수 있는 라쿠텐 트래블과 라쿠텐 증권, 라쿠텐 은행 등 금융 사업에도 진출해 70가지가 넘는 서비스를 제공하고 있다. 2018년 4월에는 이동통신 사업에 전격적 으로 진출하기로 결정했다. 2019년 10월에 서비스를 개시할 예정 으로, NTT도코모, KDDI, 소프트뱅크의 뒤를 이어 제4의 이동통신 사가 탄생하게 되었다.

현재 라쿠텐의 매출액은 7,819억 엔. 아마존이 일본에서 벌이고 있는 사업의 매출에는 미치지 못한다. 하지만 온라인 쇼핑 사업을 기점으로 사업을 확장하는 점은 아마존의 확대 패턴과 아주 비슷 하다.

최근에는 스페인 1부 FC 바르셀로나 축구팀과 총액 2억 2,000 만 유로의, 스포츠 사상 최고의 스폰서 계약을 체결했다. 게다가 이 계약은 아마존, 중국의 온라인 판매 최대 기업인 알리바바Alibaba와 경쟁해 이 두 기업을 이기고 따낸 것이다. 최근에는 인터넷을 중심 으로 유럽 축구의 팬층이 아시아 등의 신흥국으로 확대되고 있다. 그런 만큼 라쿠텐이란 이름을 전 세계적으로 알리기에 안성맞춤인 전략이다.

라쿠텐도 아마존도 온라인 판매 기업으로 출발해 서로 격전을 벌이고 있다. 때문에 한데 묶어서 취급당하는 경우가 많다. 하지만 이 두 회사는 비즈니스 모델이 전혀 다르다.

'라쿠텐 이치바'는 인터넷상에 구축된 온라인 판매 사이트로서 이름 그대로 시장(이치바는 '시장'이란 뜻이다 – 옮긴이)이다. 기업이 이 가상 시장에 상점을 열 수 있도록 온라인상 공간을 빌려주고, 임대료를 받는 시스템이다. 라쿠텐 이치바에 출점한 기업들로부터 받는 수수료가 주된 수익이므로, 라쿠텐의 주요 고객은 기업이다. 수입은 3,000억 엔 정도다. 출점 기업 수는 약 4만 5,000개. 2017년 6월 시점 월 매출이 1억 엔 이상인 출점 기업이 159개사에 이른다.

한편, 아마존의 사업 중심은 어디까지나 스스로 매입한 상품의 판매다. 자사 이외의 사업자가 출품하는 마켓플레이스도 있다. 하지만 자사의 기본 사업은 재고를 가지고 유통을 관리하는 것이다. 그리고 FBA를 이용할 경우에 한해서 아마존은 다른 회사의 재고도 창고에 보관해준다. 즉, 아마존의 고객은 말 그대로 아마존에서 무언가를 사고 그 대가를 지불하는 소비자다.

반복해서 말하지만, 라쿠텐의 수입은 장소 대여료에서 나온다.

장소를 제공하고 수수료라는 이름의 임대료를 징수하는 것이다. 상품 포장이나 발송은 당연히 출점업자가 한다. 이처럼 라쿠텐의 비즈니스 모델은 장소를 빌려주는 것에 한정된다. 때문에 물류망을 가질 필요가 없다. 시간이나 돈을 따로 들이지 않고도 출점업자들을 손쉽게 늘려갈 수 있는 구조다. 재고도 가질 필요가 없기 때문에 리스크도 작다. 출점업자의 입장에선 라쿠텐에 출점한 다른 업자들이 많으면 많을수록 손님은 더 많이 모인다. 그리고 라쿠텐의 입장에선 상품 구성이 더욱 충실하고 풍부해지므로 여러모로 선순환이 발생한다.

이런 이유들 때문에 아마존에 비해 라쿠텐의 초기 성장 속도는 훨씬 빨랐다. 이에 반해 아마존은 어디까지나 스스로 매입한 상품만을 판매한다. 때문에 물류 창고도 필요하다. 창고의 재고 관리와 주문을 받은 후의 배송 준비 등을 위한 노하우를 쌓을 필요도 있다. 당연히 하루아침에 물류망과 발송 시스템을 구축하는 것은 불가능했다. 시간이 필요했다. 또한 이에 따른 막대한 설비투자 부담도 감당해야 했다.

하지만 일단 물류 시스템이 정비되자, 스스로 전부 꾸려나가는 아마존은 취급하는 상품의 양이 많아질수록 더 많은 이익을 남기게 되었다. 이런 경우 일단 상품을 들여오는 과정이 더욱 중요해진다. 대량으로 들여올수록 좀 더 싼 가격을 유지할 수 있기 때문에 이익은 더 커진다. 다른 기업은 따라오기 어려울 정도로 싼 가격에 물건을 들여오는 일도 가능해진다.

반대로 라쿠텐은 상품 조달에는 전혀 관여하지 않는다. 때문에 출점업자가 각자 알아서 물건을 들여와야 한다. 아무리 취급하는 상품 수가 많아진다 해도 가격을 내리기 어려운 시스템이다. 아마존만큼 싼 상품을 소비자에게 공급하기가 구조적으로 어렵다고 봐야 한다.

한편, 아마존은 거대한 창고와 그것을 지탱하는 물류 시스템을 구축할 필요가 있다. 물류 시스템 건설에 들어갈 비용이 고정비로서 발생한다. 따라서 아마존은 필연적으로 매출을 극대화시키는 방향으로 목표를 세울 수밖에 없다. 하지만 일단 물류 시스템이 잘 정비되기만 하면, 다른 기업은 도저히 따라오기 어려운 차별점을 만드는 전략적인 경쟁 장치가 된다. 제2장에서 자세히 설명하겠지만, 고정비 염출법이야말로 아마존만의 강점이라 할 수 있다.

아마존의 비즈니스 모델

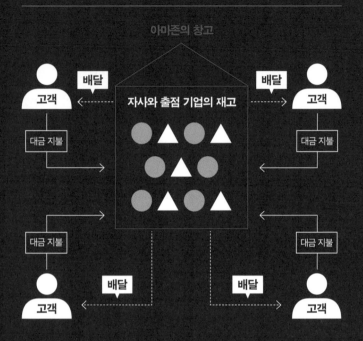

아마존의 창고

고객 ←----- **배달** ----- **자사와 출점 기업의 재고** ----- **배달** -----→ 고객

대금 지불 → ⬤ ▲ ⬤ ▲ ← 대금 지불

⬤ ▲ ⬤

⬤ ▲ ⬤ ▲

대금 지불 → ← 대금 지불

고객 ←----- **배달** ----- ----- **배달** -----→ 고객

물류망과 창고를 가지고 있다.

⬇

장점
- 상품을 대량으로 들여와 싸게 팔 수 있다.
- 다른 종류의 상품들을 한꺼번에 배달할 수 있다.

단점
- 창고도 재고 관리도 필요하다. 고정비가 든다.
- 초기에는 물류망 구축 등에 시간과 비용이 든다.

물류의 승리

라쿠텐의 비즈니스 모델

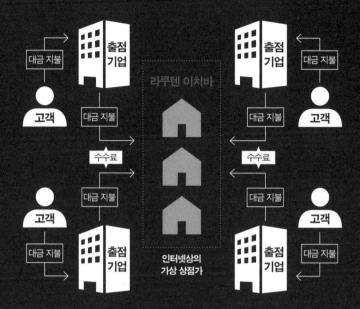

대금 지불 · 고객 · 출점 기업 · 대금 지불 · 수수료 · 대금 지불

라쿠텐 이치바

인터넷상의
가상 상점가

물류망과 창고를 가지고 있지 않다.

장점
· 출점 기업을 손쉽게 늘릴 수 있다.
· 재고를 쌓아 두지 않아도 좋으므로 리스크가 적다.

단점
· 주문 양이 많아져도 물건을 싸게 들여오기가 쉽지 않다.
· 상품의 종류가 다르면, 묶어서 배송할 수 없다.

창고와 재고를 가지는 것은
사업을 키우기 위해 필수

—

창고와 재고는 '지구상에서 가장 고객을 소중히 여기는 기업'을 만들겠다는 아마존의 주장을 실현하기 위해 없어서는 안 될 요소다. 상품 가격을 내릴 수 있는 것은 물론이고, 전혀 다른 종류의 상품, 예를 들어 도서와 세제, 혹은 신발을 동시에 주문해도 한꺼번에 배송할 수 있기 때문이다. 하지만 똑같은 물건들을 라쿠텐에서 샀을 경우에는 각각 개별 상점에서 배송되기 때문에 개별적으로 받아야 한다. 그만큼 배송료가 더 들어간다. 배송을 출점자가 알아서 하다 보니, 상품 보관 방법과 포장법 등도 제각각이다. 아마존과 비교하면 물류 품질이 전반적으로 떨어질 수밖에 없다.

2017년 라쿠텐이 취급한 유통 총액은 약 3.4조 엔이다. 전년 대비 14퍼센트 증가했지만, 라쿠텐 트래블 등을 포함한 그룹 전체 총액을 나타낸 수치다. 이전까지는 라쿠텐 이치바만의 유통액이 제시되었지만, 2016년 이후부터는 그렇지 않다. 그때까지 개시되어온 정보를 더 이상 개시하지 않는다면, 사업이 그다지 잘 풀리지 않고 있다는 표시일 가능성이 크다.

2017년 12월 말 시점에서 라쿠텐 이치바의 출점 수는 약 4만 5,000개다. 요 몇 년 동안 제자리걸음을 하고 있다. 객단가도 늘어나지 않아 고민이다. 1990년대 말부터 성장을 거듭해온 라쿠텐이다. 하지만 아마존에 상품 구성에서도 밀리고, 가격에서도 대항하기가 어려워지고 있다. 라쿠텐 이치바는 이제 전환점을 맞이하고 있다.

물론 라쿠텐도 물류가 약하다는 것을 인식하고 아마존에 대항하기 위해 강력한 조치를 취했다. 2010년 라쿠텐 물류라는 전문회사를 설립해 전국 출점업자의 배송을 대신해주는 물류센터를 8곳에 설립하려는 계획을 세웠다. 하지만 관련 회사가 해산되는 바람에 갑자기 멈추고 말았다.

그런 계획이 잘 진행되지 않았던 배경에는 단번에 물류 거점을 확대하려고 해 비용이 불어난 점이 있었다. 사실 물류센터를 세운다고 해도 하루아침에 그 기능을 제대로 해낼 수는 없다. 상품을 받아서 정리하는 등 창고 관리와 정확한 포장과 발송 등에는 노하우가 필요하다. 그리고 그것을 지지해주는 정보시스템에도 막대한 투자금이 들어간다. 라쿠텐의 물류 거점은 지바 현 이치카와 시에 2곳, 효고 현 가와니시 시에 1곳, 모두 3곳에서 운영되는 수준에 머물고 있다. 연면적의 합계는 15만 평방미터를 넘었다.

한편, 아마존은 견실하게 물류 거점을 정비해 일본에서는 현재 15곳에 창고가 있다(2018년 6월). 앞으로도 늘어나는 수요에 따라 창고를 계속 증설할 계획이다. 아직 발표되지 않은 장소가 있기 때문에 연면적은 알 수 없다. 하지만 아마존이 2013년 9월에 가동하기 시작한 오다와라 물류센터의 연면적만 해도 20만 평방미터를 넘는다. 오다와라 한 군데만으로도 라쿠텐의 전체 면적을 능가하고 있는 것이다.

배송과 관련해 라쿠텐은 미국에서 한 기업에 투자하고 있다. 스마트폰을 중개로 하는 자동차 카풀서비스 회사다. 또한 주문하자마자 20분 만에 도착하는 '라쿠빙'을 시작해 어떻게든 뒤떨어지는 배송 능력을 향상시켜보려고 애쓰고 있다. 이런 노력 덕분에 일부 지역에선 아마존을 앞지르는 배송 능력을 보여주고는 있다. 하지만 일본 상륙 이래 오랫동안 물류에 투자해온 아마존을 로지스틱스 면에서 이기기란 어려운 일이다.

1990년대 말부터 일본의 온라인 판매업계를 견인해온 아마존과 라쿠텐. 출발할 때 지향했던 방향성의 차이가 이제 업적에서 보다 선명하게 나타나고 있다.

물류는
서비스다

사실 라쿠텐이 물류 시스템을 구축하기 어려운 원인도 비즈니스 모델의 차이 때문이다. 온라인상 공간 대여 수수료로 돈을 벌어온 라쿠텐에 고객은 어디까지나 출점업자이지, 일반 소비자가 아니다. 하지만 최종 소비자 역시 누구보다 중요한 존재다. 이들을 시장으로 불러들일 필요성이 있기 때문에 라쿠텐은 포인트 적립 제도 등을 실시하고 있다. 하지만 라쿠텐 매출의 중심은 어디까지나 출점업자다. 한편, 물류는 일반 소비자를 위한 서비스이기 때문에 아무래도 라쿠텐에선 뒷전으로 밀리기 쉽다.

이에 비해 아마존의 고객은 온라인 판매 사이트에서 상품을 사는 소비자다. 아마존의 물류는 이런 직접적인 고객들에게 서비스하는 것을 근간으로 자리매김해왔다. 미국에서는 물류를 위해 대형 트레일러 수천 대를 보유하고 항공기를 리스할 정도다. 베조스가 '아마존은 로지스틱스 기업'이라고 말하는 이유도 이런 철저한 투자와 준비 때문이다. 소비자의 욕망에 응하기 위해 필요한 인프라를 정비하는 것이야말로 아마존이 다른 회사를 앞지를 수 있는 무기이기도 하다.

온라인 판매 사업자에게 서버 정비는 필수적이다. 동시에 물류의 확대도 소홀히 할 수 없는 부분이다. 결국 고객이 누구인가, 라는 관점의 차이가 양자의 명암을 가르는 중요한 요소가 되었을 것이다.

2017년 아마존의 일본 사업 규모는 매출액이 전년도에 비해 14.4퍼센트 늘어났다. 일본 엔으로 환산해서 1조 3,335억 엔 정도였다. 소매업의 매출 순위와 비교하자면, 5위인 미쓰코시이세탄, 6위인 J프런트리테일링J.フロントリテイリング에 필적할 만한 규모다.

일본 소매업계의 1위인 이온イオン은 8조 3,900억 엔, 2위인 세븐 앤 아이 홀딩스는 6조 378억 엔이고, 3위가 유니클로를 운영하는 패스트리테일링FAST RETAILING으로 1조 8,619억 엔이다(모두 근삿값). 유니클로는 이미 아마존의 사정권 안으로 들어온 셈이다.

이쯤에서 물류에 무거운 부담을 주고 있는 재배달 문제를 살펴보고 가겠다. 택배 수량 중 재배달되는 물품은 20퍼센트 정도라고 한다. 수로 나타내면 7.4억 개에 이른다. 재배달만으로 연간 9만 명, 시간으로 치자면 1.8억 시간이 소비되고, 그 비용은 2,600억 엔이나 된다. 재배달은 온라인 판매 기업이 앞으로 해결해나가야만 하는 큰 과제다.

온라인 판매의 확대로 택배 물품이 상상 이상의 속도로 증가해 물류 대기업은 서비스 품질을 유지하기 어렵게 되었다. 아마존은

일본에서 아마존의 사업 규모

14.4%
증가

2016년

2017년   1조 3,355억 엔(119억 700만 달러)

일본 소매업 랭킹

단위 : 조 엔

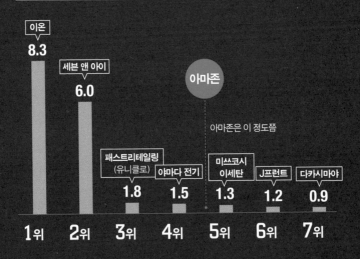

이온
8.3

세븐 앤 아이
6.0

아마존

아마존은 이 정도쯤

패스트리테일링
(유니클로)
1.8

야마다 전기
1.5

미쓰코시
이세탄
1.3

J프런트
1.2

다카시마야
0.9

1위   2위   3위   4위   5위   6위   7위

40퍼센트가 넘는 가격 상승을 감당해야 했다고 보도되고 있다. 당연히 이런 현상은 비용 증가로 이어진다.

아마존의 주요 배송업체는 야마토 운수ヤマト運輸(이하 '야마토')와 닛폰유빈日本郵便(일본우편주식회사 - 옮긴이)지만, 기업 간 물류를 취급하는 딜리버리 프로바이더라는 업자를 이용하거나 도심부에서는 자사 전용 물류망을 구축해가고 있다. 뒤에서 자세히 이야기하겠지만, 아마존은 자사 배송 시스템 구축으로 도심부에서 발생하는 재배달 문제 해결에 이미 나서고 있다. 한편, 라쿠텐도 앞에서 언급했듯이 독자적인 배송 네트워크를 만들려 하고 있다. 물류 거점을 현재 3개 장소에서 10개 장소로 늘릴 계획이다. 그러나 라쿠텐에게 있어 물류란 지금까지 자신의 고객을 위한 것이 아니었다. 하루아침에 물류망을 구축하는 것은 쉬운 일이 아닌 만큼 고전을 면치 못할 것으로 보인다.

저관여제품 시장은 이제부터 점점 확대 - 아마존 대시 버튼Amazon Dash Button

'고객을 위해서'를 가장 첫 번째 조건으로 내세우는 아마존. 그런 아마존이 대시 버튼을 처음으로 출시했을 때 독자 여러분들은 어떤 생각이 들었는가. 이 버튼은 작은 상자에 붙어 있는 흰색 소형 단말기다. 세제나 화장지 등 값싼 생활필수품이 떨어졌을 때 이 버튼을 누르면, 즉시 아마존 쇼핑몰에서 버튼에 써진 상품이 발송되어 집에 도착한다.

늘 쓰는 상품을 아마존의 화면에 띄우는 과정조차 없이 필요할 때 바로 받아보는 이런 장치는 아주 편리하다. 그러나 무언가 정체를 알 수 없는 심상찮은 분위기가 느껴지지는 않았는가? 사실 이런 장치에는 저관여제품의 고객을 고정 팬으로 만들려는 복잡한 전략이 숨어 있다.

저관여제품이란 세제, 화장지, 1회용 기저귀, 차 등 '일상적으로 구입하지만 특별히 고민하지 않고 사는 상품'을 말한다. 예를 들어, 보통 '○○차'를 즐겨 마신다고 하자. 하지만 눈앞의 자판기에 '○○차'가 없다고 해서 다른 자판기를 혈안이 되어 찾아다니지는 않는다.

이들 저관여제품을 소비자가 살지 말지는 광고, 특히 텔레비전 광고에 의해 결정된다고 인식되어왔다. 어떤 것을 사도 큰 차이가 없어 광고에서 보았던 상품을 선택하기가 쉽기 때문이다. 뒤집어 말하면, 저관여제품은 가격과 성능을 비교하는 것도, 일부러 조사하는 것도 귀찮은 일이고 별 의미가 없다. 때문에 광고로 큰 효과를 볼 수 있다. 가공식품과 일용품을 만드는 제조업체의 입장에선 이 사실을 알고 저관여제품에 막대한 광고비를 쏟아붓는 게 상식이다. 이런 제품들과 관련된 소비자 브랜드의 기호를 바꾸는 데 1인당 수만 엔의 광고비가 들어간다고 한다.

그런데 아마존 대시 버튼이 저관여제품에 대한 정설을 뒤집으려 하고 있다. 미국의 한 조사 회사의 발표에 따르면, 아마존을 빈번하게 이용하는 고객의 약 5분의 1이 같은 상품을 반복해서 구입한다고 한다. 아마존은 이런 유형의 구매에 이전부터 주목하고 있었다. 그래서 대시 버튼을 만들기 전에도 '정기 발송 제도'가 있었다. 자주 구매하는 상품을 미리 설정하면 할인된 가격에 정기적으로 상품을 집에서 받아볼 수 있는 서비스다.

저관여제품 판매에서 승기를 잡는 비결이 텔레비전 광고 등이라고는 한다. 하지만 최근에는 소비자가 텔레비전 앞을 떠나는 경향이 크다. 때문에 이런 광고에도 영향을 받지 않는 계층이 두터워지고 있다. 이것은 미국에서 특히 뚜렷한 현상으로, 이미 텔레비전으로 나가는 일용품과 소모품의 광고가 줄고 있다. 그리고 이런 틈새를 노린 것이 바로 아마존이다. 광고에 흔들리지 않거나 필요한 생활용품의 수가 너무 많아 비교 검토하는 것이 피곤한 소비자들이 늘 쓰던 상품을 '가장 싸게 팔 거라 믿고' 아마존에서 사려는 흐름은 자연스러운 것이다. 그럴 때 아마존의 대시 버튼이 눈앞에 있다면 더없이 편리하다. 이런 심리를 이용해 늘 같은 저관여제품을 매장이 아니라 아마존에서 사게 만드는 것이 아마존의 대시 버튼 효과다. 게다가 대시 버튼은 '고객을 위해서'라는 아마존의 구호를 잘 실현하고 있다. 미국에서 2015년 3월에 처음 서비스를 시작할 당시 참여 브랜드 수는 18개 정도였다. 하지만 현재는 200개 브랜드 이상으로 늘어나 고객들의 편리한 소비생활에 큰 도움이 되고 있다.

마케팅 전문가는 대시 버튼이 제조업자의 광고비 배분을 크게 바꿀 가능성이 있다고 지적한다. 소비자에게 대시 버튼을 구입시키면 해당 브랜드의 제조업자는 유리해진다. 소비자가 다른 상품을 구입하게 될 리스크를 줄일 수 있기 때문이다. 즉, 다른 제조업자가 밀고 들어올 틈도 없이 고객이 자사의 상품을 계속 사도록 만들 가능성이 높아진다. 이에 따라 광고비도 크게 줄어든다. 이처럼 제조업자들이 이익을 취하는 만큼 아마존은 대시 버튼을 배포하는 이면에서 백 마진을 취하고 있을 것이라고 보는 견해도 있다.

제조업자의 공포는 대시 버튼의 전지가 닳아버릴 때일 것이다.

하지만 동시에 아마존에는 좋은 기회다. 버튼의 수명에는 몇 가지 설이 있지만, 정기적으로 이용하면 대략 3년에서 5년 정도일 것이다. 수명이 다 된 뒤에도 자사 제품을 계속 선택하도록 만들려면 제조업자는 아마존에 광고비를 계속 내야 할 것이다.

이렇게 해서 저관여제품을 둘러싼 제조업체 간 싸움이 아마 수년 후에 틀림없이 일어날 것이다. 그것도 아마존이라는 틀 안에서 말이다.

대시 버튼은 소비자의 라이프 스타일도 바꿀 가능성이 크다. 바쁜 현대인들에겐 '뭐라도 좋다'며 적당히 구입하는 저관여제품의 폭이 점점 넓어질 것이다. 소모품만이 아니라 생활용품 대부분을 적당히 좋은 것으로 대충 사도 된다고 생각하기가 쉽다. 지금도 특별한 외출 때만 입는 양복은 어차피 디자인도 거기서 거기기 때문에 유니클로에서 적당히 괜찮은 것으로 사는 사람이 많다. 또한 점심도 편의점에서 주먹밥과 샌드위치로 적당히 먹는 사람이 점점 많아지는 추세다. 아마존은 바로 이런 시장을 노리고 있다.

가격 문제만이 아니다. 예를 들어, 전에는 개성의 상징이었던 자동차도 이제는 단순한 이동수단으로 취급하는 사람들이 점점 많아지고 있다. 이미 경차나 소형차는 특별히 신경 써서 구매해야 할 대상이 아니다. 아마존의 대시 버튼 중 '왜건 R'이나 '피트' 구매용이 등장할 날도, 농담이 아니라, 그리 먼 미래는 아니지 싶다.

IoT 가전에 포위된 생활은
이미 시작되었다

—

대시 버튼에는 다른 상품에 고객을 빼앗기지 않도록 버튼이란 형태의 서비스로 둘러싸는 기능이 있다. 그런데 아마존은 이제 버튼을 누를 필요조차 없는 서비스를 제공하기 시작했다. 그것이 바로 ADRS Amazon Dash Replenishment Service(아마존 대시 인공보충 서비스)다.

지금은 어디에서나 IoT Internet of Things란 말을 자주 들을 수 있다. IoT란 냉장고, 세탁기, 프린터 등을 직접 인터넷에 연결시킬 수 있는 기술이다. 물론 이제까지 인터넷은 PC와 휴대전화 등의 IT 기기에 접속되어 있었다. 그런데 IoT 기술이 적용되면, 그 외 전자제품도 인터넷에 연결될 수 있다.

ADRS는 그런 IoT 기능이 들어간 기계의 소모품이 다 떨어질 즈음에 아마존에 자동 주문하는 시스템이다. 프린터라면 토너나 잉크, 세탁기라면 세제를 따로 주문하지 않아도 자동으로 집에 상품이 도착한다. 이용자가 소모품의 교환 시기를 알아차리기 전에 상품이 이미 자택으로 배달된다. 그러므로 주문을 특별히 따로 염두에 둘 필요조차 없다.

가까운 미래의 이야기로 들릴지도 모르겠다. 하지만 이미 미국에서는 브라더의 프린터와 제너럴 일렉트릭의 세탁기 등이 ADRS

에 대응해 소모품의 잔량이 줄면 자동적으로 아마존에 주문하고 있다.

일본에서도 다양한 제조업체가 ADRS 서비스에 함께하려는 움직임을 보이고 있다. IoT 장치를 심을 가능성이 있는 가전제품은 다양하다. 정수기가 좋은 예다. 미쓰비시 케미컬三菱ケミカル은 카트리지의 교환을 스마트폰으로 알려주는 정수기를 개발하고 있다. 필터를 통과한 물의 양을 바탕으로 교환 시기를 예측한다고 한다. 쌀도 자동 발주할 수 있게 될 것 같다. 아이리스 오야마アイリスオーヤマ가 IoT 밥솥의 실용화에 도전하고 있기 때문이다. 이 전기밥솥은 밥을 짓는 횟수를 근거로 새로운 쌀을 자동 주문하게 될 것이다.

물론 소비자가 사용하는 가전제품이 모두 이런 IoT 제품으로 교체되려면 시간이 걸릴 것이다. 그렇기 때문에 IoT 가전제품으로 둘러싸인 생활을 하는 것은 조금 먼 이야기처럼 들린다. 하지만 가전제품의 개발 자체는 수년 안에 판매하는 것을 목표로 하고 있다. ADRS가 본격적으로 실용화되면, 대시 버튼과 마찬가지로 소모품뿐만이 아니라 기호품으로 여겨지는 상품들까지도 자동 주문 가능성이 커진다. 예를 들어, 커피 메이커가 인터넷에 연결되어 있으면, 이 기계의 사용 빈도를 근거로 원두가 떨어지기 전에 자동적으로 재주문이 가능해질 것이다.

단순히 재주문만 하는 것이 아니라, 바리스타처럼 기호에 맞는 원두를 자동적으로 선별해 알아서 주문해줄지도 모른다. 이 정도면 충분히 소매업의 세계를 바꿀 가능성이 있는 기술이 될 것이다.

아마존에는 '추천 기능'이 있다. 아마 독자들 중에도 기존의 구입과 열람 이력을 근거로 한 추천 상품을 구매했던 경험이 있을 것이다. 이런 기술을 바탕으로 AI도 점점 진화되어 아마존의 추천도 점점 정밀해질 것이 틀림없다.

소비자가 적극적으로 선택하지 않아도 마음에 들 정도의 적절한 상품을 쉽고 편하게 받아보는, 그런 세계를 아마존이 계획하고 있다.

이제 아마존을
절대 이길 수 없는 걸까

지금까지 아마존의 압도적인 서비스 능력과 가까운 미래를 꿰뚫어보는 사업 전략을 알아보았다. 그러면 이제는 아무도 아마존을 절대 이길 수 없는 것일까? 그렇지는 않을 것이다. 아마존을 이기기 위해 분투하고 있는 기업들도 있다. 이들의 공통점은 아마존을 이용하는 것이다.

예를 들면 서점이다. 아마존의 성장과 더불어 서점업계는 당연히 타격을 받고 있다. 하지만 의외로 분발하고 있는 일본 기업도 있다. 예를 들어, 츠타야TSUTAYA 체인을 가진 컬처 컨비니언스 클럽CCC은 성장을 계속하고 있다. 이 기업은 서점이 연달아 사업을 축소하던 2012년에 기노쿠니야 쇼텐紀伊國屋書店을 제치고 매출액 1위를 차지했다. 도약의 상징은 이 회사가 체인으로 운영하는 츠타야 서점이다. 서점을 카페와 가전제품과 융합시켜 머물기 좋은 쾌적한 공간으로 만들었다. 흔한 표현을 빌자면, 책을 파는 것이 아니라 공간을 통해 라이프 스타일을 팔고 있는 것이다.

예를 들어, 2017년 4월 20일 긴자 로쿠초메에 개업한 오피스 겸 대형 상업시설인 긴자 식스GINZA SIX 매장은 테마를 '아트art'로 잡았다. 예술, 사진, 건축 관련 상품 구성이 풍부하다. 일본도와 무사에 관련된 도서를 모아놓은 코너에는 실제 일본도가 전시되어 있다. 그리고 이 일본도를 실제로 구입하는 것도 가능하다.

매장 내에 들어와 있는 스타벅스에서는 커피를 마시면서 책꽂이에 진열된 책을 읽을 수 있다. 가벼운 알코올음료도 판매되고 있어 기분 좋게 살짝 취한 기분으로 책을 들여다볼 수 있다. 그래도 아무 문제가 없다. 책을 즐기며 한나절 정도 보낼 수 있는 공간으로서 고객을 끌어모으는 힘이 있다. 그런 만큼 상업시설로부터 출점 요청이 끊이지 않는다고 한다. 이런 공간 체험 서비스는 온라인에서는 전개하기 어려운 사업이다.

사실 아마존도 도서 판매 분야에서 변화를 꾀하고 있다. 온라인 세계로부터 뛰쳐나와 오프라인 매장을 확대하려 하고 있다. 2015년 10월에 시애틀 교외에 문을 연 아마존 북스가 좋은 예다. 이 서점의 책꽂이에 진열된 책은 온라인에서 리뷰 별점을 4개 이상 받은 책들이다. 보통의 일본 서점처럼 책등이 아니라 표지가 전부 고객을 향해 보이도록 진열되어 있다. 하단부에는 반드시 리뷰가 게재된 POP가 붙어 있다. 바코드를 스마트폰으로 찍으면 리뷰가 화면에 뜬다.

흥미로운 것은 온라인의 고객 데이터를 완벽하게 사용해 '킨들에서 3일 이내에 읽을 수 있었던 책' 혹은 '관심 상품 리스트에 들어가 있는 여행서 탑 5위' 등과 같은 코너를 만들었다는 점이다. 정말 아마존밖에 할 수 없는 진열 방식일 것이다. 또한 큐레이터라 불리는 직원이 있는 것도 특징적이다. 이 직원들은 "무엇을 찾아드릴까요?" 혹은 "어려우신 점 있으십니까?"라며 친절하게 말을 걸어온다. 주위를 둘러보면 '직원이 추천한 책'이란 코너도 있다. 온라인에서 얻은 풍부한 데이터를 활용한 진열 방식을 사용하면서도 큐레이터라는 사람의 판단이 그 안에 들어가 있다. 현재 7개 매장이 영업 중이다. 일부 보도에 의하면, 200점 규모로 키워갈 계획이라 한다. 일본에 상륙하면 기존 서점들에는 상당한 위협이 될 것으로 보인다.

지역에 밀착하다

고령화를 예측하고 보다 지역에 밀착한 생존 전략도 있다. 예를 들어, 전자제품 매장이라면 '골목의 편리한 가게'로서 고객과 밀접한 관계를 쌓는다. 그러면서 가전제품 교체나 일용품 구입 시장을 파고드는 것이다. 이미 대형 가전제품 매장 중 일부에선 판매보다는 고객 지원을 중시하면서 아마존과 차별화를 두려는 경향을 보이고 있다. 가전제품 수리는 물론이고, 누수와 같은 일상생활의 어려움을 해결하는 서비스도 해주고 있다.

　고령자와 '쇼핑 난민'을 대상으로 한 비즈니스, 예를 들면 고령자를 돌봐주면서 이동 판매와 쇼핑 대행을 하는 것도 하나의 대안이 될 것이다. 쇼핑 난민이란 식료품 등 일상용품 구입이 곤란한 사람을 가리키는 말이다. 일반적으로 가장 가까운 식료품 매장까지 500미터 이상 떨어져 있고, 자동차 운전면허를 가지고 있지 않은 사람이라고 정의하면 된다. 일본의 경제산업부가 2014년에 추계한 결과, 당시 이미 전국적으로 700만 명이 쇼핑 난민에 해당되었다. 게다가 이런 사람들은 해마다 점점 늘어나고 있는 추세다. 젊은 사람들이라면 이런 경우 아마존에서 사는 것으로 문제가 해결될 것이다. 하지만 현실적으로는 온라인 쇼핑을 능숙하게 이용하지 못하는, 아마존 경제권에서 벗어난 소비자도 있다. 특히 인구가 현저히 줄어 활력이 사라진 과소지대도 문제가 되고 있다. 이런 도시를 찾아오는 이동 판매업자가 있기는 하다. 하지만 영세업자가 많고 채산성이 낮다. 이런 과소지대의 문제점은 일부 지방 도시로도 확대되고 있다. 이에 따라 이 문제에 주목한 협동조합이나 편의점업체가 이동 판매 서비스를 하기 시작했다.

유기농 야채 택배를 시작한 오이식스 도트 다이치オイシックスドット大地도 이런 현상이 더 확대될 것으로 보았다. 그러곤 2016년 5월 이동 슈퍼마켓 사업을 시작한 도쿠시마루とくし丸의 경영권을 장악했다.

이런 문제는 조만간 지방 대도시나 수도권으로 확산될 것으로 보인다. 집 근처에 소매점이 있다 해도 걸어 나가기 어렵거나 택배로 물건을 주문하기 어려운 고령자가 점점 늘어나고 있기 때문이다. 이는 쇼핑 난민의 증가로 이어질 것이다.

자본이 부족한 중소기업과 개인업자라도, 예를 들어 도심부의 부유층에 한정된 판매 대행 서비스를 한다면, 또 다른 기회가 될 것이다. 효율성이 좋은 비즈니스라고 할 순 없지만, 규모의 경제가 작용하지 않는 분야다. 특히 아마존의 손이 닿지 않는 영역이다. 때문에 독자적인 영역을 구축하면 오래 살아남을 수 있다.

단가가 높은 상품을 취급한다

온라인 판매를 할 때 아마존의 특징은 풍부하게 상품을 구성하고 최강의 물류망을 활용하는 것이다. 아마존이 신속한 배달 능력을 극한까지 높이면, 라이벌들은 그와 대극 관계에 있는 상품을 취급하면 좋을 것이다.

예를 들어, 먼 곳이라 어느 정도 시간이 걸린다 해도 고객이 즐거운 마음으로 기다려줄 수 있는 상품을 다루는 전략을 생각해볼 만하다. 이때 단가가 아주 높고 이익을 많이 남길 수 있는 상품이라면 더 좋다. 산지 직송 상품 등이 좋은 예일 것이다. 실제로 산지에서 직배송하는 고급 과일 등은 아마존이 아직 취급하지 않고 있다.

아주 싼 상품을 취급하는 것도 좋다

물론 아마존에서 파는 가격 이상으로 싼 상품을 취급하는 것도 살아남기 위한 하나의 방법이다. 실제로 저렴한 가격을 추구해 아마존에 침식당하지 않고 살아남은 업태가 100엔 숍^{100円ショップ}이다.

이 매장에서 다루는 상품은 상품보다 배송료가 더 비싸다. 때문에 아마존이 이 업계로 진출할 가능성은 낮다고 생각된다.

실제로 미국의 100엔 숍이라 볼 수 있는 달러 제너럴^{Dollar General}은 1만 3,000개의 매장을 자랑하는 대기업이다. 일본 최대 100엔 숍인 다이소 매장 수가 일본 3,150점, 해외 1,900점인 것과 비교하면 그 규모가 얼마나 큰지 알 수 있다. 마찬가지로 달러 트리^{Dollar Tree}도 패밀리 달러^{Family Dollar}를 2015년에 85억 달러에 매수해 1만 3,000개에 이르는 매장을 확보하게 되었다. 99센트 온리 스토어^{99 Cents Only Store}까지 더하면, 미국 내에서 100엔 숍 매장은 3만 개에 육박할 기세다.

amazon

제
2
장

현금이 있으므로
실패할 수 있다

적자라도
주가가 떨어지지 않는 구조

제1장에서는 아마존이 어떻게 소매업의 세계에서 뛰어난 존재가 될 수 있었는지를 알아보았다. 제2장에서는 아마존이 어떻게 세계적인 기업들의 경쟁원리에 맞서 새로운 판을 짜게 되었는지를 알아보겠다.

아마존의 가장 큰 강점은 재무 전략, 즉 돈을 다루는 방식에 있다. 이 회사는 자금 조달 방법이나 사용법 역시 상식을 벗어나고 있다. 그러면 아마존만의 독특하고 특출 난 자금 관리법을 하나씩 살펴보자.

보통 우량한 기업은 주주에게 다른 회사들보다 많은 이익을 배당금으로 준다. 배당금이란 간단히 말하면, 사업이 잘되었을 때 출자자인 주주에게 나누어주는 돈이다. 기업의 이익을 환원하는 것이다. '1주당 얼마'라는 식으로 정해지기 때문에 가지고 있는 주식 수에 비례해서 받을 수 있는 금액도 달라진다. 그런데 아마존은 1997년 상장 이후 주주에게 배당금을 한 번도 지불한 적이 없다. 그 이유는 단순하다. 배당이 가능할 정도로 이익을 내지 못했기 때문이다.

기업이 모든 경비나 세금을 지불하고 난 뒤에 남는 이익금을 순이익이라 한다. 배당금은 이 순이익 중 일부를 주주에게 나누어주는 것이다. 현재의 주가에 비해 배당하는 비율이 큰 회사일수록 배당 성향이 높다는 평가를 받는다. 그만큼 투자자들에게 인기가 있다. 때문에 주가가 상승하기도 쉽다. 일본 기업 중 가장 순이익이 큰 기업은 약 2조 5,000억 엔을 기록한 도요타 자동차다. IT 관련 업종에서는 소프트뱅크 그룹도 처음으로 1조 엔을 돌파했다.

아마존의 경우 순이익은 2017년에 약 30억 달러로, 도요타의 8분의 1 정도밖에 되지 않는다. 사실은 이것이 아마존으로서는 과거 최고 수준의 이익이었다. 2016년에는 24억 달러, 2015년에는 그보다 훨씬 적은 5억 9,600만 달러였다. 2014년도에는 아예 2억 4,000만 달러 정도 적자를 보았다. 주주들에 대한 배당은 꿈도 꾸지 못할 수준이다. 그런데도 아마존의 주가는 떨어지지 않고 계속 상승했다. 그 이유는 주식 배당금이 없어도 매력적인 기업이라는 평가를 받았기 때문이다.

이쯤에서 왜 아마존처럼 잘나가는 기업이 이익을 내지 못하는지 이상하게 생각하는 사람도 많을 것이다. 보통 지불해야 할 경비와 세금 등 모든 것을 빼고 남는 것이 순이익이다. 이런 것을 빼기 전 최초의 금액은 매출액이다. 대강 살펴볼 때 매출액은 그 회사의 사업 규모를 나타내는 금액이라 할 수 있다. 예를 들어, 소프트뱅크의 매출액은 약 9조 엔이다. 아마존의 매출액은 엔 단위로 환산하면 약 18조 엔이다. 즉, 아마존은 사업 규모에서는 소프트뱅크의 2배지만, 순이익은 오른쪽 도표에서 보듯 약 3분의 1에 지나지 않는다.

아마존은 1997년 상장 때 적자였다. 그 후 흑자로 전환될 때까지 6년이 걸렸다. 그러면 사업 초기에만 적자였는가 하면 꼭 그렇지도 않다. 나는 새도 떨어뜨릴 기세였던 2010년대에 들어서도 2012년, 그리고 앞에서 언급했듯이 2014년에도 적자였다.

도요타, 소프트뱅크, 아마존은 업종이 다른 만큼 서로 단순 비교할 수는 없다. 하지만 같은 소매업인 세븐 앤 아이 홀딩즈와 비교해도 최근 6년 동안 2016년과 2017년을 빼고는 아마존이 뒤진다. 그러나 매출액은 아마존이 2배 이상 높다. 이처럼 어떤 대기업과 비교해도 아마존의 순이익이 더 적다는 것을 알 수 있다.

하지만 누구라도 인정하듯이 아마존은 최고의 성장세를 보여주고 있다. 모든 미디어가 그 동향을 보도하고, 사람들의 눈과 귀를 끌만한 사업을 벌여 승승장구한다. 그런데 왜 이렇게 순이익은 적은 것일까?

2012년도의 적자 계상 때 아마존의 CEO 제프 베조스는 "(결산상 적자는) 의도적인 것"이라고 말했다. 이처럼 적자를 당당하게 이야

순이익 비교

적자 | 흑자

아마존 순이익

2014년도 -2억 4,000만 달러

2015년도 5억 9,600만 달러

2016년도 24억 달러

2017년도 30억 달러

8배

도요타 순이익

2017년도 2조 4,939억 엔(249억 달러)

소프트뱅크 순이익

2017년도 1조 389억 엔(103.8억 달러)

기할 수 있는 CEO는 드물다. 그런데다 그의 말대로 순이익이 적어도 시장에서의 평가는 절대 떨어지지 않고 있다. 2017년 5월 아마존의 주가는 과거 최고치를 갱신해 1,000달러를 돌파했다.

회사의 가치를 나타내는 시가총액은 2018년 종가에서 처음으로 알파벳을 이겼다.[3] 애플에 이어 세계 2위다.

보통 이 정도로 이익률이 낮으면 시장 평가도 당연히 그에 따라가야 한다. 그런데 그와는 대조적인 평가를 얻고 있다. 때문에 베조스가 말하는 '의도적인 적자'는 결코 허세가 아니라는 것을 알 수 있다. 그렇다면 베조스가 말하는 '의도적인 적자'란 어떤 것일까? 어쩌면 의도적인 적자야말로 아마존이 지금까지 무서운 속도로 비즈니스를 키워온 비결일지도 모른다.

여기에서 짚고 넘어가야 할 포인트는 아마존의 현금 흐름Cash Flow이다. 이것을 제대로 보는 순간 아마존의 모습이 확 달라 보인다. '캐시플로 경영'이란 말이 있다. 베조스가 무엇보다 중시하는 것으로, 아마존의 성장을 지지해준 것이 바로 캐시플로 경영이다.

---

3) 2018년 3월 20일 알파벳을 이긴 날

캐시플로 경영이란 한마디로 말하자면, '회사에 현금이 어떻게 조달되고 어떻게 사용되는지'를 확실히 파악하고 있는 경영이다. 뭉뚱그려 현금이라 해도 현금에는 좋은 현금과 나쁜 현금이 있다. 건전하게 매출이 늘어난 결과 현금이 있는 것인지, 그렇지 않으면 매출은 나빠도 대출을 받았기 때문에 현금이 있는 것인지를 살펴보아야 한다. 현금이 줄어드는 것도 마찬가지다. 매출이 나쁘기 때문에 줄어드는 것인지, 아니면 설비에 투자했기 때문에 줄어드는 것인지를 보아야 한다. 이처럼 현금마다 질이 다르다.

　예를 들어, 90엔에 들여온 볼펜을 고객에게 100엔을 받고 판다고 하자. 그해 말 결산에서는 10엔을 번 것이 된다. 그런데 오늘 들어온 볼펜 대금을 그 자리에서 도매업자에게 지불했다고 하자. 그런데 막상 볼펜이 한 달 후 팔릴 경우, 그 한 달 동안 수중의 현금 상태는 마이너스가 된다. 이런 식으로 현금 상태를 파악하는 것이 캐시플로 경영이다.

　'대차대조표'와 '손익계산서'에는 최종 금액만 쓰기 때문에 현금의 질이 과연 좋은 것인지 아닌지를 알 수 없다. 하지만 보통 회사들은 결산서에 적힌 숫자를 소중하게 여긴다. 결산만 맞으면 그 현금의 질이 나빠도 상관하지 않는다. 그런데 캐시플로 경영에서는 현금의 질이 좋은가를 중시한다. 한마디로 말해 현금의 질을 잘 살펴보는, 어떤 의미에서는 아주 간단한 경영이다.

이 캐시플로도 결산서에 기록되지 않을 리는 없다. 이것은 보통 캐시플로 계산서(현금흐름표 – 옮긴이)라는 형태로 기록된다. 상장기업의 결산서는 보통 결산기일 시점에서 돈을 어떻게 모아 무엇에 썼는지를 나타내는 대차대조표, 어느 정도 벌었는지 아니면 손해를 보았는지를 나타내는 손익계산서, 그리고 캐시플로 계산서 순으로 정리된다. 대차대조표와 손익계산서의 순서는 바뀌는 경우도 있다. 하지만 캐시플로 계산서는 제일 마지막에 붙이는 것이 통례다.

시험 삼아 인터넷에서 검색해보면 알 것이다. 도요타 자동차, 소니, 신닛테쓰스미킨新日鉄住金 등 일본을 대표하는 기업들은 모두 캐시플로 계산서를 제일 마지막에 둔다. 이 순서만 보아도 캐시플로 계산서가 중요시되지 않는다는 것을 금방 알 수 있다.

하지만 아마존의 경우 캐시플로 계산서가 2003년부터 제일 앞에 기재되도록 하고 있다. 이것만 보아도 아마존이 얼마나 캐시플로 계산서를 중시하는지를 알 수 있다.

2000년 이후 일본에서도 상장기업은 캐시플로 계산서를 의무적으로 게시하도록 법이 바뀌었다. 하지만 그전까지만 해도 기업이 내키지 않으면 하지 않아도 좋은 일이었다. 캐시플로란 말 자체가 각광받기 시작한 것은 요 근래의 일이다. 일본에서는 제목에 캐시플로라는 단어가 들어간 책이 1999년에 갑자기 20권 이상 쏟아져 나왔다. 하지만 이후로는 그런 종류의 책이 거의 나오지 않고 있다.

그것을 보면, 일본에서는 아직도 캐시플로를 그다지 중요하게 여기지 않는 것 같다.

정말 놀라운
아마존의 캐시플로
-

도표(118쪽)를 보자. 아마존의 순이익, 영업 캐시플로, 프리free 캐시플로, 매출액 등이 정리되어 있다. 이 네 가지는 기업의 경영 상황을 읽는 데 필수적인 요소다.

먼저 살펴봐야 할 것은 '영업 캐시플로'다. 영업 캐시플로란 단순히 매출에서 매입액을 뺀 금액이다. 사업 결과 생겨난 현금이 얼마인지를 알 수 있다. 즉, 다음 도표에 따르면 아마존은 계속 상승세를 타며 성장 중이다. 사업 결과 확실하게 현금을 불리고 있다.

'프리 캐시플로'란 영업 캐시플로에서 사업 확대에 필요한 설비투자 등 여러 가지 투자금액을 뺀 수치다. 즉, 앞으로 회사가 자유롭게 사용할 수 있는 자금을 의미한다. 대출금이나 사채 상환금, 주

아마존의 캐시플로

출처 · 아마존 보고서, **단위** · 백만 달러

연도	순이익	영업 캐시플로	프리 캐시플로	투자 캐시플로	매출액
2004	588	566	477	-89	6,921
2005	359	733	529	-204	8,490
2006	190	702	486	-216	10,711
2007	476	1,405	1,181	-224	14,835
2008	645	1,697	1,364	-333	19,166
2009	902	3,293	2,920	-373	24,509
2010	1,152	3,495	2,516	-979	34,204
2011	631	3,903	2,092	−1,811	48,077
2012	-39	4,180	395	-3,785	61,093
2013	274	5,475	2,031	−3,444	74,452
2014	-241	6,842	1,949	-4,893	88,988
2015	596	12,039	7,450	-4,589	107,006
2016	2,371	17,272	10,535	−6,737	135,987
2017	3,033	18,434	8,376	-10,058	177,866

* 그중 설비투자에 해당하는 액수

주들에게 나누어줄 배당금 등을 뺀 뒤에 남은 돈이다. 때문에 기업이 자유롭게 사용할 수 있다는 의미에서 '프리 캐시플로(잉여현금흐름-옮긴이)'라 부른다.

아마존의 프리 캐시플로는 2009년도까지는 영업 캐시플로에 비례해 꾸준히 늘어나고 있다. 하지만 주목해야 할 것은 2010년도부터 2012년도에 걸쳐서 감소하고 있다는 사실이다. 물론 이 시기에도 영업 캐시플로는 계속 늘어나고 있었다. 하지만 프리 캐시플로는 계속 줄어들다가 2012년도에 급격하게 감소했다. 즉, 이 시기에 아마존은 본업으로 벌어들인 영업 캐시플로의 대부분을 새로운 분야의 투자에 쓰고 있음을 알 수 있다. 그 금액은 엔화로 환산하면 수천억 엔 규모다. 소매업을 주로 하는 기업으로서는 상상을 초월한 금액이다.

예를 들어, 순이익이 적자가 되고 있는 2012년도의 투자 캐시플로는 -35억 9,000만 달러다(표에서는 설비투자에 해당하는 액수이기 때문에 수치가 조금 다르다). 전년도가 -19억 3,000만 달러인 만큼 그보다 웃돌고 있다.

투자 캐시플로란 캐시플로 계산법의 항목 중 하나다. 설비와 주식(유가증권) 등에 투자하거나 매각하거나 한 금액을 가리킨다. 이 수치는 기본적으로는 마이너스인 편이 좋다. 투자 캐시플로가 마이너스라면 경영이 호조라고 볼 수 있기 때문이다. 무엇엔가 적극적으로 투자하고 있다는 표시이기 때문이다. 만약 이 수치가 반대로 플러스라면, 경영이 부진해 자산을 매각해 현금화하고 있다고 볼 수 있다. 따라서 실제 가지고 있는 현금은 부족한 상황일 가능성이 크다. 하지만 아무리 투자 캐시플로가 마이너스인 편이 좋다고는 해도 아마존의 과감한 대규모 투자는 그 속도가 지나치게 빠르다. 일반적이라고는 생각할 수 없는 기세다.

아마존의 적극적인 투자는 그 후에도 계속되고 있다. 2017년도에는 280억 달러나 마이너스다. 게다가 이런 경향은 설비투자에 집중되고 있는 것처럼 보인다. 설비만 놓고 보면, 2015년도에 약 45억 달러, 2017년에는 약 100억 달러를 투자하고 있다. 즉, 아마존은 믿을 수 없을 정도의 금액을 현금으로 가지고 요 몇 년 동안 엄청난 금액의 초대형 설비투자를 해마다 해오고 있는 것이다.

CCC가 마이너스라는 마법에서 자금이 생겨나다

-

그럼 이런 거액 투자가 어떻게 가능한 것일까? 물론 온라인 판매 사이트와 그 외의 사업들이 큰 수익을 내고 있기 때문이란 점은 사실이다. 하지만 그것만으로는 설명할 수 없을 정도로 거액이 투자되고 있다. 그 수수께끼를 푸는 열쇠가 바로 '현금 전환 기간^{CCC}'이다. 귀에 익숙한 말은 아니지만, CCC는 매입된 상품을 판매한 뒤 며칠이 지나야 현금화되는지를 나타낸 수치다. 이 CCC가 작으면 작을수록 현금을 빨리 회수해서, 그만큼 수중에 현금을 오랫동안 지닐 수 있게 된다. 따라서 기업 측에서는 CCC가 작으면 작을수록 좋다.

예를 들어, 소매업계 최대 기업인 월마트의 경우 CCC는 플러스 약 12일이다. 이것은 상품을 매입해서 판매하고 대금을 회수하기까지 약 12일이 필요하다는 의미다. 소매업계의 일반적인 CCC는 플러스 10~20일 정도다. 매출 대금을 받기 전까지 운영자금은 은행으로부터 대출을 받거나 해서 미리 준비해두어야 한다. 플러스 12일까지 회수할 수 있다고는 해도 매출 규모가 크면 클수록 하루에 필요한 운영자금 규모도 커진다. 매출액이 연간 5,000억 달러 규모인 월마트라면, 대금을 회수하기까지의 12일이란 시간은 결코 가벼운 부담이 아니다. 일본 엔으로 환산하면 약 2조 엔 정도를 대출받거나 해서 준비해두어야 한다.

한편, 아마존의 CCC는 마이너스다. 물건이 팔리기 전에 대금이 입금되기 때문이다. 사실 CCC가 마이너스인 경우는 그다지 드물지 않다. 가까운 예로 그 자리에서 대금을 받을 수 있는 요식업 등에서는 대부분 CCC가 마이너스다. 음식 대금은 차곡차곡 들어오지만, 재료와 인건비는 나중에 지불해도 되기 때문이다. 일본의 젊은 층이 라멘 집을 창업하기 가장 쉬운 것도 이처럼 미리 돈이 들어오는 데다, 개업 자금은 다른 업종에 비해 많이 필요하지 않기 때문이다. 예를 들어, CCC가 마이너스 10일이라고 하자. 그런 경우 은행으로부터의 대출 등은 물론 필요 없다. 미리 들어온 판매 대금을 10일 정도는 자유롭게 사용할 수 있기 때문이다. 제품을 만들기 전부터 돈이 들어와 있기 때문이다.

CCC가 마이너스인 것이 얼마나 유리한지를 잘 보여주는 예가 있다. 축소의 길로 내몰린 출판업계와 성장가도를 달리고 있는 웹 미디어의 차이다.

일본 출판사의 CCC는 일반적으로 180일이다. 도매상을 통해 대개 출판으로부터 6개월 후 대금이 입금되는 것이 관례다. 한편, 인터넷 미디어는 CCC가 마이너스 혹은 플러스라 해도 아주 짧다. 회원을 모집하는 사이트인 경우 회비는 선불이다. 때문에 CCC는 마이너스가 된다. 또한 사전에 광고를 받을 수 있는 것 또한 CCC를 마이너스로 만드는 요인이다. 또한 웹 광고가 클릭되면, 그 순간(늦어도 평균 15일 후 정도)에 수수료가 입금된다. 광고 자체도 클라이언트가 만들어주기 때문에 비용이 전혀 들어가지 않는다.

이처럼 인터넷 미디어 쪽이 활동에 쓸 수 있는 현금이 구조적으로 빨리 들어오게 되어 있다. 웹 미디어가 빠르게 확산된 이유가 여기에 있다.

상품이 발매되기 30일 전에
이미 현금이 들어온다

–

미국 애플의 CCC는 경영 위기에 빠진 1993년도부터 1996년도까지는 플러스 70일 정도였다. 하지만 복귀한 스티브 잡스가 경영 실권을 잡자 CCC는 개선 방향으로 돌아섰고, 현재는 마이너스 추이를 보이고 있다. 이런 극적인 개선 배경에는 재고 삭감과 상품 종류의 축소, 또한 애플에 부품을 공급하는 하청업체와의 거래 조건 변경이 있었을 가능성이 크다. 재고가 없어지면 돈이 되기 때문에 보통 CCC를 마이너스로 돌리려면 재고 관리를 바로잡고 상품 종류를 축소해야 한다. 애플은 이 사실을 철저히 실천해 2001년도 이후부터는 CCC가 마이너스 20일 전후를 유지하고 있다. CCC가 마이너스로 계속 유지되면, 제품을 만들기 전부터 이미 들어와 있는 자금으로 아이폰 등의 개발과 판촉에 더욱더 집중할 수 있다. 즉, 이때 마이너스 CCC는 애플의 성장을 지속시킬 수 있는 힘이 되어준다.

아마존의 경우 CCC가 마이너스 28.5일, 즉 마이너스 30일 전후에서 왔다 갔다 하고 있다. 극단적으로 말하자면 물류 창고에 있는 상품이 판매되기 30일 전에 이미 현금이 들어와 있는 셈이다. CCC의 마이너스 정도가 큰 것이야말로, 아마존이 새로운 사업에 거액을 투자하며 계속 나아갈 수 있는 원천이다. 이처럼 미리 들어온 대량의 현금이 계속 움직이고 있다면, 결산서에 적자가 있다 해도 별로 걱정할 일은 아니다. 그렇다면 아마존은 구체적으로 어떻게 해서 CCC를 마이너스로 유지하고 있는 것일까? 애플처럼 재고 관리를 새롭게 하고 품목을 축소하는 정도로는 CCC를 마이너스 30일 전후까지 유지하기는 어려울 것 같다.

CCC를 어떻게 하면
마이너스로 유지할 수 있는가

아마존이 CCC를 마이너스로 유지하는 이유는 물론 비밀이다. 하지만 대략 추측은 할 수 있다. 가장 큰 비결은 틀림없이 마켓플레이스 시스템에 있을 것이다. 제1장에서 설명했듯이 마켓플레이스는 아마존 이외의 다른 업자들도 출품할 수 있는 구조다. 단, 소비자로부터 받은 물건 대금은 아마존이 일괄적으로 보관한다. 그런 뒤 몇 주 지나 그중 몇 퍼센트의 수수료를 떼고 판매자에게 돌려준다. 이때 매출 전액이 우선 아마존 통장에 입금되었다가 어느 정도 시간이 지나야 판매자에게 지불된다는 점이 중요하다. 이 기간 동안 아마존이 맡아두고 있는 판매 대금이야말로 아마존 캐시플로에 마법을 일으키는 가장 큰 이유라 할 수 있다.

완전히 공개되어 있지는 않지만, 마켓플레이스의 수수료는 큰 액수가 아닐 것이다. 예를 들어, 마켓플레이스에서 판매자가 상품을 판매하면, 아마존이 수수료 10퍼센트를 떼어간다고 하자. 만약 1,000엔짜리 물건을 팔았다면 최종적으로 아마존이 가져가는 것은 100엔이 된다. 하지만 처음에 일시적으로 아마존의 수중에 들어오는 돈은 1,000엔이다. 즉, 이 중에서 수수료를 떼고 남은 대금 900엔을 판매자에게 지불하기 전까지는 이자도 내지 않고 운용할 수 있는 자금 1,000엔이 생기는 셈이다.

2013년 시점에서 한 컨설턴트[4]가 추측 계산해본 결과, 아마존이 무이자로 자유롭게 운용할 수 있는 액수가 19억 달러에 이르렀다고 한다. 이것은 판매자에게 대금을 지불하기 전 기간을 2주일로 가정해서 계산한 수치였다.

마켓플레이스의 유통 총액을 550억 달러로 보고, 그 총액의 약 90퍼센트를 2주 후에 업자에게 지불했다고 계산하면 550 × 0.9 ÷ 1년(365일) × 14일 = 19억 달러다. 아마존은 마켓플레이스를 운영하며 상시 자유롭게 쓸 수 있는 현금 19억 달러 정도를 손에 넣게 된 것이다.

이것은 어디까지나 2013년 시점의 추론이다. 마켓플레이스가 당시보다 계속 커나가고 있는 현재는 이 금액이 더욱더 늘어나 있을 것이다. 사실 이것은 아마존만의 전매특허가 아니다.

다른 글로벌 기업도 이 도깨비방망이 같은 방법을 사용하고 있다. 미국 애플의 앱스토어와 구글의 구글 플레이 등의 앱도 마찬가지 구조다. 그렇다고는 하나 2017년 앱스토어의 매출은 265억 달러로, 2013년 시점 아마존의 절반 이하다. 아마존에 비해 규모가 작다.

월마트도 조금 늦었지만 마켓플레이스를 개설하고 있다. 때늦

---

4) '다이아몬드·체인 스토어' 스즈키 도시히토《아메리카 소매업 대전 2013》(2013년 10월 15일 호)

은 감은 있지만 아마존의 계략을 깨달았기 때문일 것이다. 하지만 라쿠텐을 비롯한 일본 기업들은 아직 이런 구조를 갖추지 않고 있다. 일본 기업이 좋은 물건을 만들어 팔고자 설비에 투자하고, 노력하는 사이에 해외 대기업은 이 같은 구조로 현금을 손에 넣고 있었던 것이다.

아마존의 CCC가 마이너스인 이유로 흔히 드는 가설이 한 가지 더 있다. 아마존이 압도적인 상품 구매력을 내세워 출품업자들의 대금 지불 기간을 일부러 뒤로 미뤄놓고 있다는 것이다. 당연히 그 기간 동안 아마존은 현금을 마음대로 사용할 수 있다. 하지만 아무리 '아마존이라도 그 정도까지 거래처를 이용하지는 않을 것'이라고 생각한다.

아마존은 CCC가 마이너스인 사실에 대해서는 한마디 언급도 없다. 하지만 아마존만의 적극적인 투자를 가능하게 만드는 금맥이 마켓플레이스 안에 있는 것만은 틀림없는 듯하다.

아마존의
최저 매입가 전략

-

조금 벗어난 이야기인데, 실제 아마존 강에는 캐스케이드라는 작은 폭포가 있다. 지형 변화에 따라 상류에서 하류로 몇 단으로 나누어 물이 떨어지는 폭포다. 그런데 소매업을 하는 아마존에도 캐스케이드라 불리는 전략이 있다. 이 작은 폭포처럼 도매업자를 다루기 때문이다.

책과 일상용품 등은 어떤 도매업자로부터 매입해도 그 내용물에는 차이가 없다. 아마존이 책을 100권 매입하려고 한다고 하자. 그런 경우 여러 도매업자들에게서 견적을 받아본다. 그리고 가장 싼 가격을 제시한 업자로부터 우선 매입한다. 만약 그 업자가 책을 50권밖에 가지고 있지 않다면 일단 50권을 전부 매입한다. 그리고 다음으로 싼 가격을 제시한 도매업자로부터 그가 가진 재고를 전부 사들인다. 만약 그것이 40권이라면 40권을 전부 산다. 마지막으로 그 다음에 싼 가격을 제시한 업자로부터 남은 10권을 사들이는 것이다. 정말 몇 단으로 나뉘어 떨어지는 캐스케이드와 같은 전략이다.

결과적으로 구매액을 모두 합하면 가장 싼 가격에 매입하게 된다. 이런 매입 방법은 당연한 것이라 생각할지도 모르겠다. 소비자가 보다 싼 달걀이나 양배추를 찾아 슈퍼마켓 여러 군데를 돌아다니는 것과 같은 이치이기 때문이다. 하지만 일반 소매점의 매입은 이런 단순한 방식을 따르기가 어렵다. 도매업자마다 담당하는 지역도 다르고, 매장 관리나 매장 앞 판매 협력 서비스 등에도 차이가 있기 때문이다. 때문에 소매점들은 많은 도매업자들을 경쟁시키는 듯한 구조를 취하기 어렵다. 한편, 아마존은 인터넷 판매만 하고 있기 때문에 지역 도매상에 구애받을 필요가 없다. 매장 앞 판촉 행사 같은 서비스를 받을 필요도 없다. 때문에 오직 보다 싼 가격에 즉시 상품을 가져다줄 수 있는 거래처인지가 중요할 뿐이다.

사실 이런 전략이 가능한 데는 아마존만의 시스템도 한몫하고 있다. 아마존은 개별 거래를 모두 전자동으로 행하고 있다. 아마존이 취급하는, 2,000만 종류가 넘는 상품을 하나하나 인력으로 매입하는 것은 애당초 불가능하기 때문이다. 도매업자의 입장에서 보자면 그만큼 상대방이 최저 가격을 확실하게 파악하고 있기 때문에 영업 사원을 보내 교섭할 필요가 없다. 그저 망연하게 상품이 매입되는 흐름을 지켜보며 아마존에 최대한 좋은 조건을 제시하면 된다. 즉, 경쟁상대를 이기기 위해서는 컴퓨터에 입력한 판매 가격을 최대한 낮추거나 거래 조건을 완화하는 수밖에 없다. 자기 자본에 여유가 있는 업자는 경쟁에서 이기기 위해 지불을 60일 후로 늦추어도 좋다는 조건을 내세울지도 모르겠다. 아마존의 CCC가 가진 비밀을 미루어 짐작하기는 어렵다. 하지만 이런 구조를 바탕으로 하고 있을 것이라 추측해볼 수 있다.

매출 규모에 대한
정리
-

이쯤에서 아마존의 매출 규모에 대해 정리해볼까 한다. 매출액을 살펴보면, 2017년도는 약 1,800억 달러였다. 전년도에 비해 30.7 퍼센트 증가했다. 창업기와 비교해보면 대략 35만 배나 성장한 것이다.

2014년도부터 2015년도의 판매액도 20.2퍼센트 증가했다. 보통 10조 엔 규모의 기업이 되면 성장이 둔해지는 경향이 강하다. 그런데 아마존은 그런 추세에 전혀 영향을 받지 않고 있다. 20퍼센트 이상의 성장을 해마다 계속 유지하고 있는 것이다.

알파벳도 2016년도부터 2017년도의 판매를 살펴보면, 전년 대비 22.8퍼센트 성장했다. 두 회사 모두 비슷한 정도의 성장을 이루었다. 그런데 같은 기간에 애플은 6.3퍼센트 성장하는 데 그쳤다. 아이폰, 아이패드의 판매에 그림자가 깃들기 시작한 것이다.

아마존의 매출액

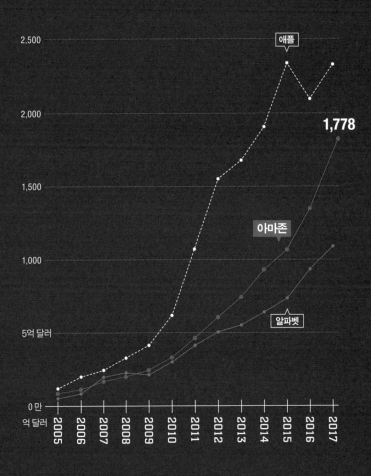

(아마존, 애플은 12월, 알파벳은 9월 기준)

매장 매출 **3.3**

그 외 **2.6**

회원비 **5.5**

AWS **9.8**

**BREAKDOWN
OF
SALES**
판매 내역

마켓플레이스
수수료
17.9

본업인 소매업
60.9

아마존의 매출은 본업인 소매업이 60.9퍼센트를 차지하고 있다. 여기에는 동영상, 음악과 같은 콘텐츠 판매도 포함된다. 다음으로 큰 부분을 차지하는 것이 마켓플레이스의 수수료 수입으로 17.9퍼센트다. 그 외에는 다음 장에서 자세히 설명할 AWS가 9.8퍼센트, 회원 서비스인 아마존 프라임의 회원비 등 정기수입이 5.5퍼센트를 차지하고 있다.

그리고 이미 앞에서 언급했듯이 아마존의 영업이익은 적다. 2017년도에는 영업이익이 41억 600만 달러였지만, 3기 전인 2014년도에는 1억 7,800만 달러에 지나지 않았다. 영업이익이란 판매액에서 여러 가지 비용을 뺀 것으로 보통 해마다 극단적인 차이를 보이는 경향이 있다. 그런데 아마존의 이익은 한결같이 적다는 사실을 이미 앞에서 언급했다.

아마존은 1997년 상장 때부터 20년간 누적 이익이 약 50억 달러 정도다. 캐시플로 경영을 최대한 추구한 아마존이었는데도 말이다. 한편, 알파벳은 2016년까지 과거 5년간 900억 달러를 벌어들였다.

아마존처럼 적은 이익으로 기업을 이 정도 규모로 키운 경우는 역사상 어디에도 없을 것이다. 굳이 비슷한 경우를 찾자면, 로마제국 정도다. 결산상의 이익이 이처럼 적다는 것이야말로 아마존의 강점이다.

매출액 − (원가 + 판매비) = 영업이익

그 기업이 본업으로 어느 정도 벌어들였는지를 나타내는 지표

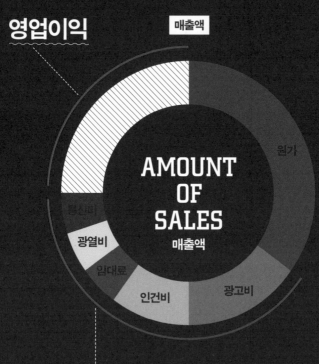

영업이익

매출액

AMOUNT OF SALES
매출액

원가

광고비

인건비

임대료

광열비

통신비

다양한 비용(판매비 및 일반 관리비)

아마존의 초기 주가는
아주 낮았다

–

캐시플로 경영이 인정받기까지의 역사는 주가를 보면 알 수 있다. 아마존이 상장했던 주식공개일의 최초가는 18달러였다. 인터넷 버블기의 순풍을 타고 한동안은 급등했지만, 적자 경영이 계속되자 주가는 하락했다. 계속 떨어지기만 하는 주가를 회복시키기 위해 분할을 반복해 현재 12주가 되었다.

주식 분할이란 발행하는 주식의 유통량을 늘리고 싶을 때 이용하는 방법이다. 주식을 분할하면 한 주당 필요한 투자액이 줄어들어 투자자가 주식을 매입하기 쉬워진다. 결국 그 주식을 사려는 사람들이 늘어난다. 이는 주가 상승으로 연결되는 경우가 많다.

아마존의 주식을 1997년에 18달러를 주고 샀던 투자자는 현재 한 주를 1.5달러에 손에 넣은 것과 같은 셈이다. 현재 아마존의 주가는 최초가의 1,252배가 되었다. 만약 아마존의 주식을 최초가로 100달러어치 샀다면, 현재 자산은 12만 5,200달러로 불어나 있을 것이다. 하지만 20년 동안 아마존의 주식을 계속 보유해온 투자자는 아마 거의 없을 것이다.

다우존스의 발표에 따르면, 아마존은 상장 후 20년 동안, 2016년 한 해만 해도 20퍼센트 넘게 주가가 떨어졌다. 2008년 금융위기가 최고조에 이르렀을 때는 64퍼센트 급락했다. IT 버블이 붕괴한 1999년 12월부터 2001년 10월에 걸쳐서는 95퍼센트나 하락했다. 마치 태풍이 휩쓸고 간 듯한 주가 폭락이었다.

투자의 신이라 불리는 워런 버핏Warren Buffet조차도 2017년 자신이 경영하는 투자회사의 주주총회에서 베조스에 대해 "그를 과소평가했다"고 했다. 그러면서 "그가 성공할지 어떨지를 확실히 알 수가 없었다"고 고백했을 정도였다.

사실 누구도 아마존이 '아마존 효과'라는 말을 낳을 정도로 어마어마한 기업이 되리라고는 생각하지 못했다. 어쨌든 아마존의 주가는 계속 올랐다. 그리고 상당히 많은 양의 자사 주식을 보유한 베조스는 2018년 포브스가 선정한 세계 부자 순위에서 1등을 차지했다.

현재 투자자들은 기존의 잣대로 평가할 수 없는 아마존이라는 기업을 어떻게든 평가하려고 하고는 있다. 하지만 정말로 투자자들이 아마존을 제대로 이해하고 있는지는 여전히 의심스럽다. 앞에서 언급했듯이 베조스 자신조차도 아마 아마존에 대해 제대로 알 수 없기 때문이다. 그런 만큼 제3자가 이 거대한 회사의 미래에 대해 제대로 알기는 어렵지 않을까.

로마제국과
에도시대를 닮은
아마존

아마존은 지금까지 비슷한 사례가 없는 독보적인 기업이다. 아마존의 비즈니스 모델을 더 많이 이해하게 될수록 이런 생각은 확실해진다. 하지만 역사를 되돌아보면 아마존과 닮은 지배 형태가 없지는 않았다. 이미 앞에서 언급했듯이 로마제국과 아마존은 많은 점에서 비슷하다.

과연 아마존은 어떤 회사일까. 온라인 판매 기업인가, 아니면 세계에서 가장 뛰어난 클라우드 서비스 기업인가. 그런데 CEO인 제프 베조스의 말을 빌리면, 아마존은 로지스틱스 기업이다. 로지스틱스란 병참이다. 병참이란 전장에서의 군대의 활동을 유지하기 위해 필요한 군수품과 군인을 전선으로 보내고 지원하는 것을 의미한다. 역사상 병참을 중시해서 세력을 확대했던 나라가 바로 로마제국이다.

아마존의 강점은 CCC에 있다. CCC는 작으면 작을수록 자금 조달에 여유가 생긴다. 이렇다 보니 기업들은 판매 관습을 바꾸거나 거래 조건을 자사에게 유리하도록 만들어 CCC를 줄이려고 필사적인 노력을 기울인다. 하지만 잊어서는 안 되는 가장 중요한 사실은 물건을 매입해서 팔기까지의 기간을 줄이는 것이다. 이를 위해선 당연히 물류에 대한 투자가 필수적이다.

아마존은 물류센터와 트레일러와 항공기를 보유하는 등 아주 세심하게 병참선을 구축하고 있다. 베조스는 당장 사업을 키우기보다는 병참선 구축에 충실하게 힘을 쏟아 거대한 경제권을 손안에서 쥐락펴락하게 되었다.

아마존을 로마제국에 비유하는 것은 로지스틱스의 관점에서만은 아니다. 지방분권을 확립해 융통성이 있는 통치 형태를 취한 점도 로마제국과 비슷하다. 로마제국은 정복한 지역에 우선 자치권을 주었다. 그 후 그 지역을 지키기 위해서 군대도 파견하며 지원했다. 그리고 세금과 병역 의무도 부과했다. 정복당한 지역의 입장에선 스스로 군대를 유지하는 것보다 비용이 훨씬 덜 들어가는 제도였다. 로마제국이 빠른 속도로 확장될 수 있었던 가장 큰 이유가 이런 자치권에 있었을 것이다.

아마존의 각 사업은 각각 독립적으로 이익을 추구하고 있다. 물론 이런 형태는 다른 기업들에도 있지만, 특히 베조스는 각 사업체들을 군이 스스로 통제하려고 하지 않는 듯이 보인다. 어디까지나 추측이지만 애초부터 베조스는 사업과 사업이 서로 상승효과를 내줄 것을 기대하며 일을 벌이지 않았을 가능성이 크다. 아무리 생각해도 채산성이 낮고 지금까지도 이렇다 할 성장을 보이지 않는 신선식품 온라인 판매처럼 어떻게 하다 보니 시작하게 된 듯한 서비스도 적지 않다(그런데 무슨 이유 때문인지 이런 사업들을 접지 않고 있다).

앞에서도 언급했지만 아마존이 급성장하고 있는 이유 중 하나는 스스로 통제하려 들지 않고 사업부에 재량을 준 때문이다. 이렇게 되면 사업부마다 재빠르게 의사결정이 가능하고, 그만큼 관리 비용도 줄어든다. 이처럼 물류망의 정비와 융통성 있는 통치가 아마존 번영의 이유다.

이외에도 아마존과 닮은 제국이 또 있다. 바로 에도 막부다. 에도 막부 때는 교통망이 정비되어 먼 곳까지 왕래하며 물건을 사고파는 거래가 활발했던 시대였다. 각 번을 통치하는 성주에게 통치를 맡기고 권한을 주면서도 산킨코타이 제도(지방 통치권자들을 교대로 일정한 기간씩 에도에 머무르게 한 제도 - 옮긴이)를 통해 도쿠가와 막부에 소속된 하나의 번이라는 인식을 불어넣어주었다. 최소한의 비용으로 지역을 지배하는 데 안성맞춤인 시스템이었다. 지방자치제가 현명하고 효율적인 통치법이란 것을 잘 보여준 예였다. 아마존은 현대의 로마제국이자 도쿠가와 막부라고 해도 좋을 것이다.

아무리 힘들어도 이익은
전부 신규 투자에 쏟는다

–

지금까지는 아마존의 압도적인 캐시플로 경영에 대해 알아보았다. 설령 적자라도, 또 주가가 내려가도, 막대한 현금을 망설이지 않고 새로운 인프라와 신규 사업에 투자하는 것이 아마존의 큰 특징이었다. 베조스가 그동안 주주들과 언론에 어떻게 대응해왔는지 알아보자.

이미 앞에서 언급했듯이 IT 버블이 붕괴한 2000년 전후로 아마존의 주가가 크게 떨어졌다. 이 시기는 아마존이 최대 궁지로 몰렸을 때다. 이때 미국 경기는 침체기에 접어들었다. 닷컴 기업이라 불리는 인터넷 기업의 적자가 멈추지 않았다. 주식시장에서도 인터넷 종목의 버블이 붕괴되기 시작했다. 아마존도 위기라는 소문이 돌았고, '아마존닷밤(폭탄)'이라는 야유도 쏟아졌다. 어느새 아마존은 언제 무너질지 모르는 존재가 되어 있었다.

2000년 6월 말 투자은행인 리먼 브라더스가 아마존은 채무 초과의 갈림길에서 있다고 경고했다. 이미 아마존의 주가는 약 50퍼센트 떨어져 있었던 터였다. 그런지라 이런 경고등이 켜지고 나서부터 주가는 20%나 더 떨어졌다. 당시 6월부터 8월까지 회사 이름에 닷컴이 붙은 기업 중 4곳이 자취를 감추었다.

놀랄 만한 점은 당시 아마존은 이익을 내지 못하고 있었는데도, 1999년부터 1년 동안 창고를 2곳에서 8곳으로 급격하게 확대했다는 사실이다. 창고 면적은 약 3만 평방미터에서 약 50만 평방미터로 늘어났다.

적자 연속이라도 사업 확대에 투자를 계속한다는 현재 아마존의 원형은 이때 이미 완성되었다. 하지만 당시엔 수많은 어중이떠중이 신흥 인터넷 벤처기업들이 파산하던 때였다. 그런지라 아마존의 경영을 불안해하는 목소리가 높았다.

외부 평가가 이처럼 낮은 가운데서도 당시 베조스의 자세는 전혀 흔들림이 없었다. 〈닛케이 비즈니스〉와의 인터뷰에서도 단호하게 잘라 말했다.

"단기적인 이익을 추구하는 투자자에게는 무서운 현상일 수도 있겠지만, 역시 장기적인 시점이 중요하다고 생각합니다. 아마존의 투자자는 장기적인 전망을 가지고 바른 경영을 추구하고 있습니다. 그것은 바로 성숙한 사업에서 나온 흑자를 새로운 비즈니스로 돌리는 것입니다."

아마존의 순이익은 1995년에 30만 달러 적자였다. 1999년에 이 적자는 7억 달러로 불어났다. 시장의 평가는 신랄했고, 신용평가 기관인 무디스와 S&P는 함께 아마존에 C단계를 주었다. C단계는 투자할 가치가 없다는 평가를 뜻한다.

당시 미디어도 모두 한목소리로 매출이 늘어나도 적자가 계속되는 경영 체질과 급속한 사업 확대에 회의적인 평가를 했다. 일본의 경제지, 예를 들면 〈닛케이 비즈니스〉도 '인터넷 기업의 기수인가, 버블의 총아인가'라는 특집기사를 실었다.[5]

베조스는 투자자들에게 "우리는 오랜 시간 동안 오해받을 각오가 되어 있다"라고 말했다. 그러곤 회사의 장기적인 우위성을 확립하기 위해 인프라 구축에 투자를 계속해왔다. 이제 투자자들 대부분은 아마존이 첨단 기술을 이용해 기존의 산업이 품고 있는 문제를 해결해온 실적에 주목하게 되었다. 그리고 거의 이익을 내지 않는다 해도 그다지 문제시하지 않는다. 아마존에 이익을 구하지 않고, 성장과 비전을 요구하게 된 것이다. 아마존의 자세는 아무것도 변하지 않았다. 변한 것은 외부에서 바라보는 시선뿐이다. 마찬가지로 아마존은 당시부터 금융과 컴퓨터 사업에 대한 야심을 숨기

---

5) 2000년 7월 3일 자

지 않았다. 주가가 폭락하는 큰 격랑을 헤쳐 나가는 중에도 베조스는 남의 말이나 행동에 신경 쓰지 않고 새로운 사업에 대한 구상을 계속하고 있었다.

캐시플로 경영이란 말은
아마도 베조스의 변명이다

"아마존이 적자인 것은 미래에 대한 투자가 원인이다. 현재의 실적은 중요하지 않다."

아마존 캐시플로 경영에서 기본이 되는 말이다. 그런데 사실 이 말은 베조스만의 전매특허는 아니다. 1990년대 후반 IT 기업의 대부분의 경영자는 모두 이런 식으로 말했다.

1990년대 후반 미국의 IT 버블은 굉장했다. 넷스케이프 커뮤니케이션스Netscape Communications가 1995년에 적자인데도 불구하고 주식 공개를 했다. 인터넷 관련 사업이라면 경영 상황이 나빠도 자금을 조달할 수 있었다.

투자자들도 젊고 유능한 경영자들의 "적자는 투자가 필요하기 때문에"라는 주장을 환영했다. 생각해보면 인터넷의 장래에 대한 기대와 버블의 과열 현상에 휩쓸려 IT 기업이 적자인 것을 무리해서라도 납득해주어야만 했던 것일지도 모른다. 그리고 기대는 기대로 끝났다. 흑자가 되기는커녕 많은 인터넷 기업은 적자가 눈덩이처럼 계속 불어나기만 했다. 그렇게 2000년으로 접어들었고, 베조스는 아마존의 적자에 대해 '계속 투자가 필요하기 때문에'를 강조해왔다. 물론 당시 투자자를 포함한 많은 사람들에게 그의 이런 말은 변명으로밖에 들리지 않았다. 내 생각에도 아무리 긍정적으로 보아준다 해도 난처한 나머지 둘러댄 변명이라는 인상을 지울 수 없다. 하지만 이제 아마존은 거대한 제국이 되었다. 그의 경영 수법은 비즈니스 스쿨의 교과서에도 실리게 되었다.

2018년 현재 냉철하게 돌아보니, 베조스의 주장이 창업 일부터 계속 일관성이 있었던 것은 사실이다. 하지만 아무래도 그냥 변명이었을 가능성이 크다. 당시엔 실적이 계속 올라가는 추세도 아니었기 때문이다. 미래를 위한 투자라고는 해도 판매 품목의 확충과 외국으로의 사업 확대가 중심이었기 때문이다. 다른 많은 온라인 판매 기업들과 큰 차이가 있는 것도 아니었다.

물론 그 후 클라우드 서비스인 AWS라는 황금알을 발견하기는 했다. 하지만 이것도 위기를 겨우 넘어선 직후의 이야기였다. 위기를 강력한 변명으로 넘어선 후 AWS의 대성공이 베조스의 그때까지의 발언을 정당화시켜준 것일지도 모른다.

amazon

제
3
장

아마존에서 가장 큰 이익을
올리고 있는 AWS

아마존을 먹여 살리는
거대한 비즈니스

—

제1장에서는 아마존이 소매업계에서 얼마나 뛰어난지를, 제2장에서는 아마존 특유의 캐시플로 경영을 분석해보았다. 하지만 아마존의 진정한 훌륭함은 다른 곳에 있다. 그것은 바로 아마존 웹 서비스로, 간단히 줄여서 말하자면 AWS 사업이다. 이 사업은 이미 타의 추종을 불허하는 수익을 내고 있다. 그리고 앞으로도 아마존의 성장을 더욱더 주도해나갈 사업이라 해도 지나친 말이 아니다.

AWS는 클라우드 서비스를 제공하는 사업이다. 이 사업 덕분에 이제 아마존은 IT업계에서 기업을 상대로 세계 최대의 클라우드 서비스를 제공하는 회사로 인식되고 있다. AWS의 영향력을 보자면, 클라우드 컴퓨터의 세계에 진정한 혁명을 일으켰다고 해도 좋을 정도다. 간단히 말하자면, 기업의 서버와 소프트웨어를 보다 싼 가격의 웹 서비스로 대체해 IT 세계의 큰 변화를 주도했다.

클라우드 서비스란 서버를 제공하는 서비스를 뜻한다. 회사원이라면 누구나 자신의 회사에서 PC를 사용할 때 반드시 컴퓨터의 서버에 신세를 지게 된다. 경리 직원이라면 PC의 재무회계 시스템을, 영업 직원이라면 고객의 데이터베이스를 사용하고 있을지도 모르겠다. 아무튼 이들 시스템도 서버에 접속해야만 제대로 운영이 된다. 그런데 이 서버가 어디에 있는지, 누가 운영하고 있는지를 제대로 몰라도 회사의 컴퓨터 시스템을 얼마든지 사용할 수 있다.

대기업이라면 회사 전체 컴퓨터 시스템을 유지하기 위해 독자적인 서버를 가지고 있다. 예를 들면 일본의 은행은 전통적으로 시스템을 자사의 대형 컴퓨터로 운영하는 것이 상식이다. 입출금 데이터 등의 시스템에 문제가 생기면 신용 문제로 연결되기 때문이다. 이런 회사들은 자사의 독자적인 서버 개발에 몇 년을 투자한다. 투자금액도 수천억에 이르는 경우도 있어, 컴퓨터 판매 기업에게 있어 은행은 초우량 단골 고객이다.

그런데 AWS는 거대한 서버를 준비해 그 안에 갖춘 시스템(정확하고 신속한 데이터 해석과 AI를 활용한 서비스 등)을 온라인상에서 모든 기업에 제공하는 형태를 취하고 있다. AWS 클라우드 서버를 공유하면 기업은 굳이 자신만의 서버를 사용할 필요가 없어진다. 기업들이 각자 시스템을 개발하고 운영하는 것보다 훨씬 싼 비용으로 고성능 시스템을 사용할 수 있게 되는 것이다.

또한 클라우드 서비스는 규모가 커지면 커질수록 비용이 줄어든다. 예를 들어, 일본 기업이라면 심야에는 컴퓨터를 거의 사용하지 않는다. 하지만 같은 시간에 뉴욕에 있는 기업은 한창 근무할 때다.

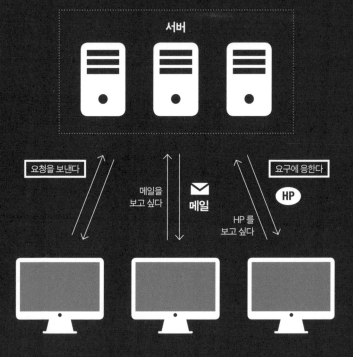

AWS의 구조

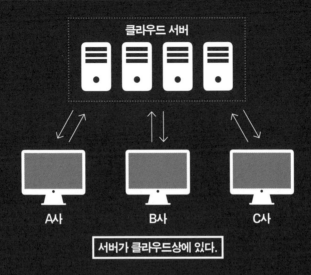

서버가 클라우드상에 있다.

지금까지의 구조

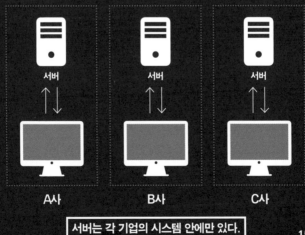

서버는 각 기업의 시스템 안에만 있다.

따라서 일본 기업이 사용하지 않는 서버를 이용할 수 있다면 좋다. 컴퓨터의 감가상각비, 전력비용, 시스템 보수 인건비 등을 줄일 수 있기 때문이다. 만약 지구상의 수많은 기업들이 이런 서비스를 함께 사용한다면 비용은 더욱더 줄어들 것이다.

다른 장점도 있다. 가끔 신제품이 출시되면 기업의 웹 서비스에 접속자가 몰려 서버가 다운되기도 한다. 기업은 보통 이렇게 특별한 서버의 처리 능력이 필요한 날(신제품 발매일이나 온라인 판매세일 때), 혹은 급여 이체 등으로 접속이 집중되는 경우를 대비해 평소 사용하는 것의 2배 이상 되는 서버를 가지고 있다. 그렇지 않으면 누구든 호기심을 느낄 만한 큰 사건이 일어났을 때 온라인 신문을 읽을 수 없게 된다거나 연말연시에 기차표 예약 판매가 갑자기 중지되는 일이 생길 것이다.

전 세계 기업들이 초대형 서버를 공동으로 이용할 경우, 그런 안타까운 일을 대부분 막을 수 있다. 또한 스스로 서버를 구축해 사용하면, 몇 년 지나지 않아 프로그램이 노후해 문제가 생기게 된다. 그것을 수리하는 비용이 점점 커지게 된다. 하지만 AWS라면 수리와 보수를 아마존이 해주기 때문에 기업은 항상 최신 서비스를 이용할 수 있다. 또한 사업 규모가 커졌을 때는 용량도 융통성 있게 변경할 수 있다.

현재 아마존의 AWS를 사용하겠다고 신청하면, 15분 정도 지나 수천 대의 서버를 이용할 수 있는 체제가 갖추어져 있다. 스스로 서버를 개발하기 위해 거대한 자금을 쏟아붓고, 몇 년에 걸쳐 준비하는 것은 바보 같은 일이 되고 말았다.

서버를 통해 이용할 수 있는 시스템의 종류도 장르를 가리지 않고 풍부하다. 다음 페이지의 그림에서 살펴보자. 노무와 관련된 수속과 급여 계산 등을 해주는 인사 시스템, 데이터 분석과 화상 해석법 등을 사용한 음식점 고객 분석, 농업에 사용할 수 있는 자료 제공 등이 있다.

아마존은 소매업의 노하우가 뛰어나다. 때문에 AWS의 시스템이 자사 개발 시스템보다 더 편리하다고 생각하는 기업도 있다. 심지어는 자사용으로 변경해놓은 시스템보다도 AWS의 규칙을 따르는 쪽이 더 효율적이라는 평가도 있다.

비즈니스맨들 중에는 아마존과 자신은 전혀 무관하다고 생각하는 사람들도 있을 것이다. 하지만 이미 세계적으로 많은 기업이 AWS를 자신의 시스템 속에 끼워 넣고 있다. 방금 이용한 음식점이나 앱이 AWS와 관련되어 있을 가능성은 점점 커지고 있다. 누구든 사생활에서 무의식적으로 아마존의 지지를 받고, 좋든 싫든 아마존과 관련되지 않을 수 없다. 이제 이런 종류의 클라우드 서비스에서 아마존에 대항할 기업은 마이크로소프트밖에 없다고 해도 좋을 정도다. IBM과 휴렛패커드[HP]는 이미 상당히 뒤쳐져 있다.

AWS 시스템의 예

인사노무 시스템

새롭게 채용한 사람의
정보 입력

서류가 자동 작성되어
모든 신청을 간단히

회전초밥 식당

입구의 터치패널에 어른과 아이 수를 입력
하면 추천하는 초밥이 우선적으로 나온다.

광고 및 홍보

가까이에 있는 사람들의 스마트폰 화면에
세일 정보가 뜨도록 만든다.

20% 이상이 구매

농업

비닐하우스

온도와 일조량에 대한 자료 수집, 분석

왜 AWS가
IT 대기업보다 잘나가는가

–

AWS는 어떻게 IBM이나 휴렛패커드 등 IT의 본가라 할 만한 회사들을 이기고 지금처럼 성장할 수 있었을까. 가장 중요한 이유는 혁명적인 서비스에 있다.

AWS는 '클라우드의 백화점'이라 불린다. AWS에는 편하게 곧 사용할 수 있는 많은 서비스가 갖추어져 있기 때문이다. 게다가 가격도 싸다. 때문에 이것으로 게임은 끝이다. AWS는 지금도 해마다 기능을 강화하며 새로운 서비스를 놀라울 정도의 가격으로 쏟아내고 있다.

한편, 경쟁대상인 휴렛패커드는 2015년 시장에서 완전히 물러났다. IBM은 데이터 보존 서비스도 손대고 있다. 하지만 최근에는 데이터 분석 등 비교적 이익이 큰 서비스 쪽으로 대폭 방침을 변경하고 있다.

한편, 이에 대해 AWS의 서비스는 2015년에는 세세한 기능 갱신을 포함해 722종, 2016년에는 1,000종을 넘었다. 2006년 서비스 개시 때부터 10년 이상 지났지만, 기술 혁신 속도는 느려지기는커녕 점점 빨라지고 있다. 베조스가 목표로 하는 테크놀로지 회사의 본령을 제대로 실현하고 있다고 볼 수 있다.

가격 경쟁력 면에서도 아주 강하다. 놀랍게도 서비스 개시 후 10

년이 지나는 동안 60회 이상 가격 인하를 계속해오고 있다. 서비스 품목을 대량으로 조달해 비용을 낮추고, 새로운 고객을 불러들이는 박리다매 효과를 통해 가격을 더 낮추고 있다. 이 분야에서도 아마존의 특기인 규모의 경제 효과를 최대한 살리고 있다. 그렇게 함으로써 고객에게 이익을 환원하는 효과를 지속적으로 내고 있다. 이대로라면 다른 경쟁 회사들은 아마존을 이길 가능성이 없어 보인다.

IT업계에서는 디팩토스탠다드 de facto standards (사실상의 표준)를 장악한 기업이 우위에 서게 되고, 기술 개발은 가속된다. 이제까지는 대형 컴퓨터에서는 IBM, PC용 OS에서는 마이크로소프트, 반도체에서는 인텔이 압도적인 지위를 구축해왔다. 반면, 클라우드 세계에서는 아마존이 진정한 패자라 할 수 있을 것이다.

AWS의 고객은
CIA

AWS의 고객으로는 대단한 기업들이 많다. 분야도 다양하다. 제너럴 일렉트릭, 맥도날드, 인터넷미디어 기업인 버즈피드 BuzzFeed, 민

박 중개 기업인 에어비앤비Airbnb, 넷플릭스Netflix 등 이름만 들어도 알 만한 기업들이 줄을 잇는다. 넷플릭스는 동영상 전송 사업부문에서 아마존과 영역이 겹치는 경쟁사다. 넷플릭스의 유료 회원 수는 1억 2,500만 명을 넘었다. 최근에는 콘텐츠 전송에 머물지 않고 제작회사로서 규모를 확대하는 점도 아마존과 비슷하다. 2018년 내 콘텐츠의 50퍼센트를 자체 제작물로 채우려는 계획을 가지고 있었다. 아마존의 의심할 나위 없는 경쟁상대다. 하지만 설령 경쟁상대라 해도 사업 구축을 위해 인프라를 적극적으로 제공하는 것이 아마존답다.

AWS에 큰 전환기를 맞이하게 만든 고객이 있다. CIA(미 중앙정보국)다. 2013년에 CIA는 6억 달러로 4년간 AWS와 계약을 체결했다. NASA(미 항공우주국) 등도 고객이긴 하지만, CIA의 수주처가 아마존으로 바뀐 것은 충격이었다. 정부기관의 일은 IBM처럼 전통이 있는 대기업이 독점 수주하는 것이 관례였기 때문이다.

　IBM은 정부에 재검토를 요청했지만, 미 연방재판소가 'AWS의 제안 방법이 기술적으로 뛰어나고 경합 결과는 접전이라고는 말하기 어려울 정도로 아마존이 뛰어나다'고 판결했다. 이 판결은 선언 효과가 컸다. AWS의 신용에 정부, 그것도 기밀 정보를 취급하는

CIA가 보증서를 발급해준 것이나 마찬가지였기 때문이다. 이 일을 계기로 많은 공적 기관과 기업들이 AWS 도입에 적극적으로 나서게 되었다.

일본에서도 히타치제작소, 캐논, 기린 맥주, 패스트리테일링, 미쓰비시UFJ 은행, 스마트 뉴스^{Smart News} 등 업종을 가리지 않고 대기업부터 신흥 기업까지 AWS 도입에 나섰다.

서비스의 가장 핵심 부위에 클라우드를 사용하는 기업도 있다. 그다지 알려져 있지는 않지만, 〈마이니치〉 신문의 경우 뉴스 운영에 AWS 서버를 사용하고 있다. 2015년부터 디지털의 핵심인 뉴스 사이트의 서버를 AWS로 옮겨 운영하기 시작했다. 그때까지는 사이트에서 새로운 서비스를 전개하려면 우선 서버 등 필요한 기기를 조달하기 위한 품의서부터 써야 했다. 그리고 이에 대한 승인을 얻은 뒤엔 기기를 도입해 활용하는 시스템을 구축해야 했다. 하지만 AWS의 도입으로 따로 기기를 마련할 필요가 거의 없어졌다. 작은 투자로 새로운 서비스를 시작할 수 있게 된 것이다. 그 결과 인터넷에서 사업을 확장하는 방법이 훨씬 유연해지고, 시스템을 보수 관리하는 비용도 반감시킬 수 있게 되었다고 한다.

미쓰비시UFJ 은행도 AWS를 채용하고 있다. 전체적으로 1,000개 시스템이 있는데, 서버의 보수 보증 기간이 끝난 시스템부터 순차적으로 AWS로 옮겨가 앞으로는 절반을 클라우드화할 방침이다.

클라우드의 이용과는 거리가 멀다고 여겨지던 은행, 그것도 일본 최대 은행이 AWS 도입에 들어섰다는 것은 AWS의 신뢰성과 보안이 그만큼 뛰어나다는 것을 증명해준다. 이처럼 일본 기업들의 AWS 도입도 가속화되는 추세가 점점 강해지고 있어, AWS는 앞으로도 성장을 계속할 것이다.

AWS의 영업이익이 다른 부문을 위한 투자자금이 된다

2006년 시작된 AWS는 현재 일본을 포함한 세계 190개국(세계 14개 지역)에서 서비스를 전개하고 있다. 162쪽에 그래프를 실었다. 그런데 이즈음 몇 년 동안 전년 대비 약 50퍼센트 증가한 고성장을 이룰 정도로 실적이 아주 훌륭하다. 2017년 매출액은 엔화로 환산해 2조 엔 정도였다.

164쪽의 그림을 보자. 아마존의 회사 전체 매출액은 2017년에 1,778억 달러였다. 그중 AWS의 매출액은 174억 달러로, 회사 전체에서 차지하는 비율은 10퍼센트에도 미치지 못한다. 그러면 같은 페이지의 아래에 있는 아마존의 영업이익을 살펴보자.

AWS의 매출액

200

174

150

122

전년 대비 50퍼센트 증가

79

100

50

46

0
억 달러　2014년　　2015년　　2016년　　2017년

AWS 영업이익은 2017년에 43억 달러였다. 전년도에 비해 약 40퍼센트 증가했다. 아마존이 운영하는 사업 중 최대 규모(매출액은 AWS의 약 6배)인 북미 온라인 판매 사업의 영업이익은 28억 달러로 흑자였다. 하지만 북미를 제외한 온라인 판매 사업(AWS의 약 3배)은 30억 엔 규모의 영업적자를 냈다.

사실 아마존은 인터넷 쇼핑 사업 전체를 볼 때 이익을 내기는커녕 적자를 보고 있었다. 2017년의 아마존의 회사 전체 영업이익이 41억 달러인 데 비해 하나의 사업부문에 지나지 않았던 AWS의 영업이익은 43억 달러였다. AWS가 온라인 판매 사업의 적자를 보완하고 회사 전체를 떠받치고 있다는 것을 알 수 있다.

매출액으로 볼 때 아마존 전체의 10퍼센트 정도 규모(174억 달러)에 지나지 않는 AWS가 회사 전체 규모의 수익을 내고 있는 것이다. 철저하게 수익 관점에서만 보자면, 아마존은 클라우드 컴퓨팅 회사라는 평가를 들을 만하다는 사실을 알 수 있다.

AWS의 영업이익률은 아주 높다. 영업이익률이란 매출액 전체에서 영업이익이 차지하는 비율이다. 영업이익 금액 그 자체는 기업의 규모에 따라 큰 차이가 있다. 때문에 다른 회사와 비교할 때는

아마존의 매출액 비율

주 : 2017년 12월 기준

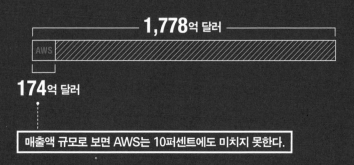

1,778억 달러

AWS

174억 달러

매출액 규모로 보면 AWS는 10퍼센트에도 미치지 못한다.

아마존의 영업이익

주 2017년 12월 기준

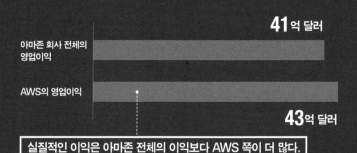

41억 달러

아마존 회사 전체의
영업이익

AWS의 영업이익

43억 달러

실질적인 이익은 아마존 전체의 이익보다 AWS 쪽이 더 많다.

영업이익률을 보는 편이 편리하다.

AWS의 2017년 영업이익률은 25퍼센트. 일본 상장기업의 영업이익률 평균은 대략 7퍼센트다. 그런 만큼 20퍼센트면 아주 높다고 본다. 이것만 보아도 AWS의 아마존에 대한 이익 공헌도가 얼마나 큰지를 알 수 있다.

게다가 아마존의 클라우드 서비스는 가격이 싸다. 반드시 높은 이익률을 내는 사업을 지향하고 있지는 않다. 이런 방법으로 경쟁 회사의 신규 진입을 막아왔다는 것을 생각하면, AWS의 성과는 놀라운 수치라 할 수 있다. 아마존은 캐시플로 경영을 내세우며 이런 AWS의 막대한 이익도 소매 사업 부문에 대한 투자로 아낌없이 돌리고 있다. 제1장에서 언급했듯이 아마존 소매사업 부문의 주목할 만한 점은 고객에 대한 압도적인 서비스다. 연회비를 지불하고 아마존 프라임 회원이 되면, 영화와 드라마를 마음대로 볼 수 있다. 음악도 100만 곡 이상 들을 수 있다. 뿐만 아니라 사진도 원하는 만큼 보관할 수 있다. 일본에서는 책이나 식품을 당일 배송으로 받을 수 있다. 그런데 이런 서비스도 AWS에서 벌어들이는 수익이 있기 때문에 가능하다. 하나의 사업부문에서 벌어들인 자금을 다른 부문에 투자한다. 이것이 다른 소매 기업에는 없는 아마존만의 강점

중 하나다. 그만큼 경쟁상대에게는 악몽 같은 요소다.

사실 아마존이 2006년 클라우드 서비스 사업에 진입했을 때 막대한 투자가 필요한 IT 사업 진입을 비웃는 투자자도 있었다. 실제로 2006년의 프리 캐시플로가 지난 4년 동안 증가하던 추세에서 감소 추세로 돌아서기 시작했다. 원인은 AWS에 대한 투자 때문이었다. 하지만 그 결과 아마존은 IBM, 구글, 오라클이 힘을 합해도 감당해 낼 수 없는 클라우드계의 거인으로 성장할 수 있었다.

자사를 위해 개발했던 시스템을
상품으로 만들다

AWS는 원래 자사의 소매업을 원활하게 진행하기 위해 만든 것이었다고 한다. 철저한 비밀주의를 추구하는 아마존이니만큼 AWS 역시 베일에 싸여 있던 사업이었다. 제프 베조스의 참모라 불리는 AWS 책임자 앤디 재시Andy Jassy는 "2000년대 초반에 소매업을 신속하게 전개하기 위해 인프라(시스템의 기반)를 구축하기로 결정했습니다. 그래서 클라우드를 구축해가는 중에 다른 기업에도 이런 서비스가 도움이 되겠다는 생각이 들었습니다"라고 2013년 〈월스트리트 저널〉과의 인터뷰에서 말하고 있다.

2000년이라고 하면, 아마존의 주가가 크게 떨어진 해다. 그런데 그 당시 아마존은 주문을 받은 뒤 상품을 매입하기 위해 대규모 서버가 필요했다. 이를 위해 개발했던 자사 서버의 남아도는 용량을 미국이나 영국의 유통 대기업에 제공했던 것이 AWS 사업을 시작하게 된 계기였다. 그리고 재시는 "이제 더 이상 AWS가 소매 사업을 보완하는 수준이라고 생각하지 않습니다"라고 같은 인터뷰에서 말했다. 그리고 "AWS가 담당할 수 있는 것은 소프트웨어, 하드웨어, 데이터 센터 서비스 등인데, 이것들은 세계적으로 수 조 달러 규모에 이르는 사업입니다"라고 덧붙이며 처음에 생각했던 것을 훨씬 넘어 AWS가 성장할 것이라고 선언하고 있다.

이런 인터뷰를 했던 2013년 시점에 AWS의 매출은 30억 달러에도 이르지 못했다. 한편, 소매업 쪽 매출은 600억 달러였다. 하지만 이때부터 이미 재시는 AWS가 소매 사업을 능가하게 될 것이라고 내다보고 있었다.

2016년에는 이런 가능성이 확신으로 바뀌기 시작했다. 재시는 "1,000억 달러 규모의 소매 사업을 넘어 AWS는 아마존 최대의 사업이 될 것입니다"(〈닛케이 비즈니스〉 2016년 12월 26일 자)라고 강조하고 있다. 공식적인 취재 자리에서 재시가 분명하게 아마존은 클라우드 회사가 될 것이라고 선언한 의미심장한 말이다.

지나치게 커지면
성장률이 주춤거리는 이유

소매업에선 이미 아마존의 적이 없다고 본다. 특별한 CCC와 AWS 가 올리는 이익 덕분에 어마어마한 현금을 대부분 설비투자에 쏟아부을 수 있기 때문이다. 이는 다른 회사가 결코 흉내 내기 어려운 행보다. 아무리 월마트라고 해도, 미쓰코시이세탄 홀딩스라고 해도 무리일 듯하다. 설령 라쿠텐이 소매업 부문에 적극적으로 계속 투자한다 해도 격차를 따라잡기는 어려울 것 같다.

그렇다면 클라우드업계는 어떨까. AWS의 경쟁상대는 IT업계의 거인 마이크로소프트와 구글이다. 현재 전 세계 데이터 중 클라우드로 옮겨진 것은 5퍼센트 정도로 생각된다. 즉, 클라우드 시장의 95퍼센트는 아직 손이 닿지 않은 미개척지란 뜻이다. 게다가 20배 이상 부풀어오를 잠재성이 있는 것으로 평가되고 있다. 이런 클라우드 서비스 시장의 급속한 확대를 눈앞에 두고 아마존, 마이크로소프트, 구글 3사는 거액의 설비투자와 가격 경쟁을 되풀이하고 있다.

　마이크로소프트와 구글 두 회사를 아마존과 비교해보자. 양사 모두 2014~2016년 3년 동안 클라우드 시장에 맞춰 약 520억 달러 규모의 설비투자에 달려들었다. 이것은 그때까지 3년 동안 투자액의 2배였다.

그사이에 실적도 불어 마이크로소프트의 클라우드 서비스 애저의 2016년 매출액은 전년도 대비 2배 이상 늘어 24억 달러였다. 구글의 '클라우드 플랫폼'도 2016년 매출액이 9억 달러를 돌파한 것으로 보인다.

2017년 독일은행 계산에 따르면, 마이크로소프트와 구글 두 회사 모두 앞으로 2년 안에 매출액을 2배 이상 늘릴 것으로 예상하고 있다. 알파벳의 매출액 88퍼센트는 광고 사업에서 나오지만(2016년), 언젠가는 클라우드 사업의 매출이 이를 웃돌 가능성도 있다고 내다보고 있다. 하지만 그렇게 된다 해도 아마존을 따라잡기엔 역부족이다.

171쪽의 그림을 보자. 2017년 10~12월 동안 AWS의 세계 시장점유율은 약 35퍼센트였다. 2~4위인 마이크로소프트, IBM, 구글 3사의 시장점유율을 합쳐도 아마존 한 회사에 미치지 못한다. 이들 대기업 4개 회사 이외에 알리바바, 오라클Oracle, 후지쓰富士通 등 클라우드 제공업체는 모두 시장점유율이 5퍼센트 미만이다.

일부 보도에서는 오라클이 '타도 아마존'을 외치고 나섰다고 한다. 하지만 2017년 2월까지의 과거 4사분기 오라클의 설비투자액은 17억 달러에 지나지 않는다. 아무리 오라클이라 해도 이 분야에

클라우드 서비스 회사들의 매출액 비교

단위 · 억 달러, **주** · 2016년 실적. 일부는 추계

AWS 35

그 외
기타
38

SHARE
OF
THE CLOUD
INDUSTRY

클라우드 산업의
시장점유율

IBM
8

구글 6

마이크로소프트 13

선 거상 아마존과 비교하면 개미처럼 작아 보일 뿐이다.

그래도 AWS의 세력이 미치지 않는 곳이 있다면, 그 원인은 아마존이 모든 분야에서 지나치게 커진 데 있을 것이다. 아마존은 이미 소매와 물류에서 누구도 넘보기 어려운 거인이 되었다. 때문에 이 분야에서 경쟁하는 업체들은 클라우드를 사용할 때 아마존을 피하려는 움직임을 보이고 있다.

예를 들어, 소매업계 입장에선 아마존의 클라우드가 아무리 싸다 해도 경쟁상대인 아마존에 자사의 판매 데이터를 맡기는 것은 불안한 일이다. 물론 아마존이 멋대로 고객 데이터를 이용한다고는 생각할 수 없다. 하지만 홀푸드를 매수하는 등 인터넷만이 아니라 실제 매장에서도 존재감을 키워가고 있는 아마존인지라 소매업자가 거리를 두고 싶어 하는 것은 자연스러운 일인지도 모른다. 이미 월마트는 거래처에도 아마존 이외의 클라우드 서비스를 사용하도록 장려하고 있다.

이런 움직임의 수혜자는 마이크로소프트다. 클라우드 세계의 시장점유율은 앞에서 살펴보았듯이 아마존이 이미 30퍼센트 이상을 장악한 지 오래다. 하지만 이런 아마존의 성장력에도 그늘이 보인다.

미국의 조사회사 시너지 리서치 그룹의 조사에 따르면, 2017년 10~12월 동안 클라우드 시장점유율 상승률은 전년도 같은 기간에 비해 아마존이 0.5퍼센트였고, 마이크로소프트가 3퍼센트였다. 또한 10~12월 동안의 결산에서는 법인을 대상으로 한 클라우드 사업의 매출액이 마이크로소프트가 53억 달러였다. 이에 비해 아마존은 51억 달러에 그쳤다. 이것은 단순히 마이크로소프트의 애저와 AWS의 매출은 아니었기 때문에 비교는 어렵다. 하지만 마이크로소프트가 아마존을 바짝 추격하고 있는 것만은 사실이다.

클라우드 분야에서도 모든 산업을 집어삼키는 아마존 효과가 진행되고 있는 것만은 분명하다. 단, 아마존이 지나치게 강해지자, 이를 경원시하는 '역아마존 효과'가 차츰차츰 확산되고 있어 마이크로소프트가 승기를 잡을 수 있을지도 모르겠다.

아마존의 특기인 규모의 이익–
전 세계에 설치된 데이터 센터

이제부터는 AWS의 본체라 할 수 있는 데이터 센터가 어떻게 확산되었는지를 살펴보겠다. 아마존은 전 세계에 53곳에 이르는 데이터 센터를 보유하고 있다. 게다가 12곳이 지금부터 추가된다고 한다. 상당히 많은 숫자다.

2015년 어떤 기사에서는 전 세계 데이터 센터 중 40퍼센트가 아마존의 소유라고 했다. 당시 전 세계적으로 가동되는 클라우드 서버는 1,000만 대가 넘었다. 2018년에는 그 2배로 불어났을 확률이 높다. 현재 아마존의 서버는 약 800만 대로 추정되는데, 이 역시 공표되고 있지는 않다. 아마존이 전 세계 데이터 센터 중 40퍼센트 넘게 소유하고 있다면, 도대체 몇 만 명의 엔지니어를 고용하고 있다는 뜻일까. 이것만으로도 두려운 수치다.

2016년에만도 데이터 센터는 11곳이 신설되었다. 다음 해에는 프랑스 파리와 중국 닝샤 후이족 자치구에도 데이터 센터를 개설했다. 또한, 2018년에 스웨덴 스톡홀름에 대규모 데이터 센터를 개설하겠다고 했다. 상세한 것은 밝히고 있지 않지만, 아마존은 스톡홀름에 수억 달러를 투자할 것으로 보인다.

흔히 아마존의 데이터 센터 주변은 '어베일러빌러티 존'이라 불린다. 이 존(구역) 안의 이용자 수가 많으면 많을수록 데이터 센터 내의 서버 수가 증가하게 되거나, 데이터 센터 자체를 증설하게 되기도 한다. 만약 어베일러빌러티 존 안에 대기업이 몇 곳이나 포함되어 있다면, 서버는 물론 규모가 더 커진다. 지금처럼 계속 아마존이 대도시에 데이터 센터를 만들어가다 보면, AWS가 태양처럼 세상을 비추는 시대가 열릴 것이다.

공식 발표에 따르면, AWS는 2005년 당시 아마존닷컴이 운용하던 규모의 능력을 지닌 서버를 매일 추가하고 있다고 한다. 당시 AWS

의 1년 매출액은 84억 달러였다. 그 정도 규모의 매출 관리에 필요한 서버를 매일 추가하고 있다니 놀라울 따름이다. AWS 보급이 그만큼 급팽창하고 있다는 것을 보여주는 에피소드이기도 하다.

그런데 하나의 데이터 센터가 소비하는 전력은 적어도 30메가와트나 된다. 대강 계산한 결과이기는 하지만, 일반 가정 1만 세대분의 전력 소비량이다.

아마존은 미 텍사스주에서 풍력발전 사업도 시작했다. 지극히 아마존다운 발상인데, AWS용 데이터 센터에 전력을 공급하기 위해서다. 아마존은 사용 전력을 100퍼센트 풍력발전과 태양광발전 등 재생 가능한 에너지로 갈아타려는 계획을 발표했다.

2016년 말에 이 계획은 이미 40퍼센트 이상 목표를 달성하고 있다. 인디애나주, 노스캐롤라이나주, 오하이오주에는 풍력발전소를, 버지니아주에는 태양광발전소를 건설했다. 이번에 건설하는 텍사스주와 합치면 미국의 약 24만 세대에 필요한 전력을 감당할 수 있게 된다. 재생에너지 사업에 진입할 능력 정도는 이미 갖추고 있는 셈이다.

이 정도에 놀라서는 안 된다. AWS에서 사용하는 서버, 라우터, 통신을 제어하는 반도체도 모두 아마존에서 설계해 제조만 외주를 주고 있다. 아마 가까운 미래에 컴퓨터의 두뇌인 CPU 설계 및 개발에도 뛰어들 것 같다.

이 모든 것들이 아마존에 '세계 최대의 테크놀로지 기업'이라는 평가를 안겨주는 원인이 되고 있다. 그리고 아마존은 명성에 걸맞게 예전부터 이 분야의 대기업이었던 IBM, 마이크로소프트, 인텔을 능가하고 있다. 업무 시스템도, 기초가 되는 주요 소프트웨어도, 반도체도 아마존처럼 동시에 개발하는 회사는 역사상 그 어디에도 없을 것이다.

이제 컴퓨터업계 사람들은 알아차리고 있다. 아마존의 진정한 적수는 출판사나 서점이 아니고, 바로 자신들, 컴퓨터업계라는 것을. 차라리 서점은 문화시설로서 살아남을지도 모른다. 그러나 기능과 가격만으로 승부하는 컴퓨터업계는 까딱 잘못하다가는 아마존에 시장을 통째로 내주게 될지도 모른다.

전 세계적으로 계속 증가하는
데이터 센터와 가상화폐의 관계

클라우드의 보급으로 데이터 센터가 전 세계적으로 확산되고 있다. 그런데 그 위치를 살펴보면 흥미로운 점을 알 수 있다. 주로 한랭지역에 건설된 것이 눈에 띈다. 이것은 우연이 아니고 합리적인 이유가 있다.

클라우드의 정보처리가 집중될 때 발생하는 열량은 상당히 크다. 때문에 데이터 센터에는 공조시설이 필수이고, 전력 소비를 어떻게 줄일지가 늘 해결해야 할 과제로 떠오른다. 클라우드 서비스의 50퍼센트 전후가 전력요금이라는 계산도 나오고 있을 정도다. 따라서 일 년 내내 기온이 낮은 장소에 데이터 센터를 두면, 컴퓨터를 식히기 위해 사용하는 전기요금을 줄일 수 있다. 앞으로도 데이터 센터는 증가일로일 것이다.

데이터 센터의 수요가 높아진 배경에는 인터넷상의 가상화폐(암호화폐)의 채굴(마이닝)이 있다. 채굴이란 블록체인을 사용한 매매와 송금 등 데이터 처리가 바른지 어떤지를 제3자가 컴퓨터에서

암호를 풀며 검증하는 작업이다. 데이터를 다수의 서버로 처리할 필요가 있어 데이터 처리를 해주는 쪽에서 대가로 가상화폐를 얻게 된다.

채굴에는 막대한 전력이 필요하다. 때문에 최근에는 일본에서도 일부 전력회사가 가상화폐 사업자를 대상으로 전력을 팔기 위한 사업을 준비하기 시작하고 있다. 여기까지는 누구든 상상 가능한 일이다. 하지만 전력회사는 그 이상을 내다보고 있을지도 모른다. 즉, 어찌 되었든 대기업인 전력회사가 단순히 전력을 공급하는 것에만 머물지 않고, 스스로 채굴 사업을 시작하는 것이 훨씬 수익률이 크다는 것을 이제 알아차린 듯하다.

일본 내 인구 감소로 기존의 전력 판매는 점점 줄어들 것이 확실하다. 그래서 현재 전력회사는 새로운 수입원을 찾기에 혈안이 되어 있다. 일본 최대 전력회사인 도쿄전력 홀딩스東京電力ホールディングス가 채굴을 시작하는 날이 찾아온다 해도 그리 이상한 일은 아닐 것이다.

AWS도 고객을 위한
저렴한 가격으로 패권을 잡다

아마존이 AWS를 세운 것은 정말 클라우드 컴퓨팅의 혁명이다. 사내 서버와 소프트웨어를 보다 저렴한 인터넷 기반으로 바꾸도록 기업의 IT 세계를 완전히 바꾸어놓았다.

경쟁 회사들이 저렴한 가격 공세로 어떻게든 아마존을 이겨 시장을 빼앗아보려고 기를 쓰고 덤비기는 한다. 하지만 앞에서 이야기했듯이 아마존의 무기는 압도적인 저가다. 〈니혼게이자이〉 신문에 따르면, AWS의 주력 서비스 중 하나는 일본에 진출할 당시 1기가바이트당 0.14달러 정도였다. 하지만 현재는 0.023달러로 6분의 1 가격이 되었다. 여기에서도 '고객을 위해서'를 모토로 계속 승리를 거듭해가는 아마존의 무시무시함을 엿볼 수 있다. 압도적인 시장점유율을 장악한 뒤 아마존은 그 후에도 버티며 승부를 내는 데 누구보다 뛰어나다.

클라우드 시장은 일본에서만 4년 안에 약 3배인 1조 엔 규모로 성장할 것이라는 계산도 있다. 이렇게 풍요로운 성장이 약속된 시장인 것은 틀림없다. 하지만 지금까지 살펴보았듯이 현재 상황에서는 누구라도 승자가 될 수 있는 것은 아니다.

해저 케이블을
소유하다

–

2017년 11월, 소프트뱅크는 통신회사 등 5개사와 대륙 간 해저 케이블 '주피터'를 부설하겠다고 발표했다. 가동은 2020년부터로 예정되어 있다. 로스앤젤레스 근교에서 출발해 치바 현 미나미보소 시와 미에 현 시마 시를 경유해 필리핀까지 연결되는 최첨단 케이블이다. 전송 용량은 60테라비트다.

소프트뱅크 이외의 5개사는 NTT 커뮤니케이션즈, 홍콩의 PCCW글로벌, 필리핀의 PLDT 그리고 페이스북과 아마존이다. 이중에서 소프트뱅크를 포함해 4개 회사는 통신회사다. 때문에 해저 케이블 건설이 본업이라 할 수 있다. 하지만 페이스북과 아마존은 오직 자사 관련 데이터만을 전송하기 위해 해저 케이블 건설에 달려든 것이다. 이것은 SNS와 클라우드 서비스의 통신 용량이 통신 전문회사 수준에 이르렀음을 보여주는 증거다. 그리고 이 두 회사가 통신회사를 거치지 않고 스스로 데이터를 전송하기 시작하게 되면, 그만큼 통신회사의 매출이 줄어들 것이라는 의미다.

그런데 이미 구글은 2016년에 자사만의 해저 케이블을 가동하기 시작했다. 패스터FASTER라는 해저 케이블 건설에 출자해 자사 전용으로 10테라비트 대역을 확보했다. 사실 아마존도 해저 케이블 건설이 처음은 아니다. 이미 몇 군데의 해저 케이블 네트워크에 투자해 운영하고 있다. 일본을 출발점으로 해서 보면, 최소한 한국까지 2줄, 오스트레일리아까지 2줄, 싱가포르까지 2줄, 북미까지 4줄이나 되는 해저 케이블을 설치해 이용하고 있다. 정말로 지구상 대양을 모두 누비고 다니는 듯하다. 케이블이 어선과 충돌 사고 등으로 끊어지는 경우를 대비하는 능력도 뛰어나도록 설계했다. 따라서 이용객이 갑자기 클라우드를 사용하지 못하게 되거나 할 일은 거의 없다.

어느새 일본 기업들은 광대한 네트워크와 거대한 데이터 센터를 건설하는 아마존에 비해 능력도 자금도 부족하게 되었다. 아무리 큰 자동차 회사라 해도, 메가뱅크라 해도, 그저 이용객으로서 조용히 처신하는 수밖에 없는 신세가 되고 말았다.

amazon
———

제
4
장
———

아마존 프라임 회원이란
무엇인가

아마존 프라임 회원 수는
이미 국가 수준

-

당신은 이미 '아마존 프라임' 회원인가. 연회비를 내고 프라임 회원이 되면, 앞에서 언급했듯이 지나칠 정도로 많은 특전을 누릴 수 있다. 바로 이런 점을 월마트가 따라 하면서 좀 더 싼 가격으로 도전해보려 했지만 그다지 큰 영향을 끼치지는 못했다.

한 조사회사의 추정에 따르면, 미국에서 아마존 프라임 회원 수는 8,500만 명에 이른다고 한다. 미국 인구가 약 3억 2,000만 명이기 때문에 4명당 한 명꼴로 아마존 프라임에 가입했다고 보면 된다.

한편 미국의 세대수는 1억 2,500만 세대. 즉, 세대수로 환산하면 전체 세대의 68퍼센트가 프라임 회원인 셈이다. 미국에서 식비 보조를 받는 빈곤자 수가 4,400만 명인 것을 고려하면, 중류 이하 소득 계층에서도 계속 프라임 회원 수가 늘어나고 있음을 알 수 있다.

프라임 서비스는 미국만이 아니라 현재 세계 16개국에서 전개되고 있다. 베조스는 2018년 4월 주주들에게 보내는 편지에서 프라임 회원이 전 세계적으로 1억 명이 넘었다고 밝혔다. 현재도 각국에서 회원 수가 계속 증가하고 있다. 2007년에 서비스를 제공하기 시작한 일본도 예외는 아니다.

애초에 프라임 회원이 왜 생겨났는지를 한번 살펴보자. 이것은 소매업계의 대기업인 코스트코의 회원제를 흉내 낸 구조다. 회비를 받고 회원을 위한 서비스를 제공하는 모델이다. 거대한 부지에 지어놓은 창고형 할인매장인 코스트코에 가면 업소용이나 사무용으로밖에 볼 수 없는 상품들이 무수하게 쌓여 있다. 한 상품당 포장된 양이 너무 많지만 가격도 싸다. 때문에 일본에서도 매장 수가 점점 늘고 있다. 세계 각국에 퍼져 있는 매장 수는 700개가 넘고 일본에만도 26개가 있다.

2001년 제프 베조스는 코스트코 창업자인 짐 시네갈James Sinegal을 만나 회원제 서비스의 노하우에 대해 가르침을 받았다고 한다. 회원만의 특전을 제공해 자사에 대한 로열티(충성심)가 높은 고객을 어떻게 늘려나가는지를 배웠을 것이다.[6] 소매업자가 고객과 맺는 지속적인 관계는 아주 소중한 자산이자, 생명선이다. 즉, 이런 회원제 서비스는 고객의 충성심 획득뿐만 아니라 금전적으로도 큰 의미를 지닌다.

---

6) 《아마존, 세상의 모든 것을 팝니다》

연회비는 선불이다. ~~즉, 1년 먼저 아마존 수중에 현금이 들어온다.~~ 캐시플로 경영을 모토로 내건 베조스가 이런 금맥을 놓칠 리가 없다. 미국에서만도 연회비 119달러를 내는 프라임 회원이 8,500만 명이라 하면 그들로부터 받아들인 선수금은 100억 달러를 넘어선다. 이런 프라임 회원 수의 증가는 문제에 발 빠르게 대처할 수 있는 경영을 실현하고 물류센터에 투자하는 데 큰 도움이 되었을 것이다. 아마존이 현금을 곁에 쌓아 두고 새로운 서비스 전개, 콘텐츠 확대, 물류에 대한 투자를 할 수 있게 되면, 더더욱 회원 층이 넓어질 것이다. 그리고 이는 결국 다시 이들로부터 새로운 자금이 유입되는 선순환이 발생한다. 이처럼 회원제 서비스는 아마존의 캐시플로 경영을 든든하게 지지해주고 있다.

연회비는 일단 싸게, 나중에 차츰 올린다

일본의 아마존 프라임 회원 수는 공표되지 않아 알 수는 없다. 하지만 300만 명이라고도 하고, 600만 명이라고도 한다. 어쨌든 일본의 전체 인구를 놓고 볼 때 회원 수는 앞으로도 계속 늘 것으로 아마존은 보고 있을 것이다.

아마존 프라임의 전 세계적인 매출은 1,778억 달러(2017년)다. 그 중 미국의 매출액이 1,204억 달러로, 전 세계의 67퍼센트를 차지하고 있다. 압도적인 회원 수를 과시하는 미국의 뒤로 독일 169억 달러, 일본 119억 달러, 영국 113억 달러가 이어진다. 이 4개국의 합계는 전 세계 매출액의 90퍼센트를 차지하고 있다. 인구는 일본이 1억 3,000만 명. 이 정도면 독일 8,000만 명과 영국 6,000만 명을 더한 것과 비슷하다. 일본의 발달된 물류망을 고려하면, 현재 독일과 영국의 매출액을 더한 것과 비슷한 정도까지, 즉 현재의 2배 정도까지 성장할 가능성이 있다.

아마존의 일본 시장에 대한 기대는 프라임 회원의 연회비를 보면 잘 알 수 있다. 미국 119달러(약 1만 2,000엔), 영국 79파운드(약 1만 4,000엔)이고, 독일은 이보다 조금 싼 49유로(6,500엔)다. 그런데 일본은 이보다 더 가격이 내려간 3,900엔이다. 다른 나라들과 비교하면 아주 파격적인 가격이다. 〈주간 도요게이자이〉[7]와의 인터뷰

---

7) 2017년 6월 24일 자

아마존 프라임의 국가별 매출액

단위 · 억 달러, 주 · 2017년 기준

영국 **113**

일본 **119**

그 외 기타
173

AMOUNT
OF SALES
BY
COUNTRY

국가별 매출액
1,778

독일 **169**

미국 **1,204**

에서 아마존의 세계 프라임 사업을 총괄하는 임원은 "아마존 프라임에 가입하지 않는 것은 있을 수 없는 일이라는 평가를 받는 것이 목표입니다"라고 말하고 있다. 일본에서 프라임 회원을 상당한 수준까지 늘려갈 수 있을 것으로 판단하는 발언이다.

2017년부터는 프라임 회원비를 일 년 단위가 아니라 월 단위로 나누어 내는 제도도 생겼다. 일본의 프라임 회원을 더 늘려보겠다는 아마존의 기대가 느껴지는 정책이다. 누구나 부담 없이 입회할 수 있는 구조를 만들어 '어쨌든 가입하고 보자'는 심리를 조성하려는 것이다.

미국에서도 가장 처음에 책정된 회비는 39달러였다. 회원 수가 늘어남에 따라 2014년에는 99달러, 2018년에는 119달러로 가격을 인상했다. 일본에서도 이런 단계적인 가격 인상이 예상된다. 처음엔 3,900엔에서 출발했지만 나중엔 1만 엔 전후까지 올라갈 가능성이 크다.

이미 미국에서는 연회비를 올려도 회원이 줄기는커녕 오히려 늘어나고 있다. 때문에 일본에서도 나중에 연회비를 올려도 회원 수가 줄지는 않을 것으로 보인다.

서비스 과다인 것은
라이프 스타일에 침투하기 위해서다

—

'고객을 위해서'란 기치를 들어 올리며 아마존을 상징하는 아마존 프라임. 가끔은 지나칠 정도로 많은 서비스를 제공해준다는 평가를 받기도 한다. 그만큼 아마존 프라임에는 일단 한번 가입하면 지나치게 편리한 나머지 탈퇴할 기회를 빼앗기고 마는 여러 기능이 갖춰져 있다. 그중에서도 특히 많은 고객을 사로잡는 대표적 서비스는 지나칠 정도로 풍부하게 갖추어진 콘텐츠다. 예를 들어, 탈퇴해버리면 지금 막 보기 시작한 드라마를 볼 수 없다든가, 어제까지 듣고 있던 음악을 들을 수 없게 된다든가, 즐겨 보는 스포츠 프로그램도 더 이상 볼 수 없게 된다.

하지만 프라임 회원에 가입만 하면 이런 콘텐츠를 무제한으로 즐길 수 있고, 쇼핑몰에서 무엇을 사도 배송료가 무료다. 때문에 어지간한 것은 아마존에서 사게 된다. 데이터를 보면 프라임 회원의 구입액은 단순한 아마존 이용객의 2배다.

회원에서 탈퇴할 경우 그 영향은 인터넷 쇼핑이 불편해지는 정도로 그치지 않는다. 프라임 서비스는 이미 라이프 스타일의 일부가 되어버렸기 때문이다. 194쪽의 표는 프라임 회원이 아마존에서 누릴 수 있는 특전을 대강 정리한 것이다.

배송료 무료, 킨들에서 무료로 읽을 수 있는 수백 권의 책뿐만 아니라 회원용 태블릿도 저렴한 가격에 살 수 있다. 일부 지역이긴 하지만 상품을 2시간 안에 받아볼 수 있는 서비스, 기저귀 등을 싸게 살 수 있는 아마존 패밀리 서비스 등도 누릴 수 있다. 그러나 가장 매력적인 서비스는 일본에선 2015년 9월에 시작된 프라임 비디오일 것이다. 이 서비스는 앞에서 언급했듯이 미국에서도 아주 인기가 높다. 신작 영화를 포함한 유료 영상 스트리밍 서비스로, 회원에 가입하면 국내외의 영화와 드라마를 마음껏 볼 수 있다. 예를 들면 영화 〈미션 임파서블〉, 〈남자는 괴로워〉, 애니메이션 〈기동전사 건담〉, 〈요괴워치〉까지 폭넓은 프로그램이 준비되어 있다.

콘텐츠가 얼마나 풍부한지를 기준으로 생각해볼 때, 동영상 서비스만 본다 해도 아주 훌륭하다. 요금을 비교해보면 Hulu가 매월 933엔, NTT도코모가 제공하는 dTV는 매월 500엔이다. 한편 아마존 프라임의 연회비는 3,900엔인데 월정액으로 환산하면 325엔이다. 이 정도라면 아무도 흉내 내지 못할 만큼 싼 가격이라 할 수 있다.

콘텐츠 수를 비교해보면 아마존은 수천 편을 보유하고 있다. 이에 비해 dTV는 12만 편이 넘는다. 하지만 아마존의 진정한 강점은 오리지널 콘텐츠의 충실함이다.

이미 미국에서 아마존은 콘텐츠 제작자로서의 지위를 다져가고 있다. 2013년에 제작한 드라마 〈트랜스페어런트〉는 골든글러브상

프라임 회원의 특전

☑ **당일 배송** (급 배송)

☑ **받는 날짜 지정 택배**

☑ **프라임 나우** (2시간 내 상품이 도착. 일부 지역만 가능)

☑ **영화·TV·애니메이션이 전부 무료**

☑ **킨들 수백 권 무료**

☑ **킨들 파이어 등 태블릿 단말기 할인**

☑ **아마존 팬트리** (식품 및 생활용품 주문 수수료 : 390엔)

☑ **아마존 패밀리** (기저귀와 물티슈를 15퍼센트 할인)

☑ **프라임 포토** (사진을 용량 무제한으로 보관)

☑ **선행 타임 세일** (타임 세일하는 상품을 시작 시간보다 30분 빨리 주문)

뮤지컬 코미디 부문의 작품상과 남우주연상을 수상했다. 그 후에도 독자적인 콘텐츠 제작에 힘을 쏟고 있다. 현재는 오리지널 극장 영화를 1년에 15편 이상 만들어 아카데미상 수상을 목표로 하고 있다.

일본에서도 인기 배우를 기용한 연애 드라마, 범죄 드라마 등을 내보내고 있다. 출연진은 지상파의 인기 드라마와 비교해도 손색이 없다. 코미디언인 마츠모토 히토시가 감독한 〈다큐멘탈〉은 코미디언들을 밀실에 모아놓고 자신은 웃지 않으면서 다른 사람을 웃겨야 하는 이색 버라이어티 쇼 프로그램이다. 공개된 지 일주일 동안 그때까지의 오리지널 콘텐츠들 중 최장 시청 시간을 갈아엎는 기록을 세웠다.

특별 촬영 작품에도 힘을 쏟고 있다. 〈가면라이더 아마존스〉를 프라임 비디오 일본의 오리지널 제1탄으로 2016년부터 내보내기 시작했다. 현재 시즌2까지 나올 정도로 인기를 끌고 있다. 이외에 어린이들에게 인기 있는 콘텐츠도 충실하게 갖추어져 있다. 이미 아마존은 영상제작 회사라고 해도 좋을 듯하다. 시청자들이 텔레비전 앞을 떠나는 시류를 잘 타고 있다고도 할 수 있겠다.

원래 아마존은 온라인 판매에서 얻은 소비자의 DVD 구매 이력 데이터를 지니고 있다. 이것을 근거로 소비자의 니즈를 충족시켜주는 프로그램 제작이 가능할 것이다. 광고도 필요하지 않기 때문에 광고주의 의향 등을 살필 필요 없이 실험적인 콘텐츠 제작에도 도전해볼 수 있을 것이다.

앞으로는 아마존 프라임을 통한 동영상 배포만이 아니라 다른 방송국들에 로열티를 받고 텔레비전으로 내보낼 독자적인 콘텐츠도 제작할 가능성이 크다. 실제로 애니메이션 〈짱구는 못 말려〉의 오리지널 컨텐츠를 TV아사히 CS방송용으로 공급하고 있다. 지금까지는 주로 방송국이나 극장용으로 제작된 콘텐츠를 빌려와 내보냈던 아마존이 앞으로는 스스로 콘텐츠를 제작해 방송국에 공급하는 날이 찾아올 가능성이 크다.

이제는 더 이상 아마존을 온라인 서점이라고만 인식하는 사람은 없을 것이다. 이미 동영상이나 영화 등 콘텐츠를 내보내는 서비스 제공자를 넘어 오리지널 콘텐츠 제작자로서의 면모를 보여주기 시작했다. 그리고 이에 따라 뉴욕이나 할리우드 등에 있는 영상 제작 회사들도 아마존의 위협을 받는 처지가 되었다.

미국에서는 국민적인 스포츠가 풋볼이다. 아마존은 미국 풋볼리그인 NFL의 2017년도 온라인 중계방송권을 획득했다. 전 세계에 있는 아마존 프라임 유료 회원들에게 스트리밍 서비스를 하기 위해서다. 한편, 2016년에는 트위터가 이것을 획득했었다. 하지만 보도에 따르면, 아마존이 전년도에 트위터가 써넣은 가격의 5배에 가까운 5,000만 달러를 써서 낙찰 받았다고 한다. 아마존이 스트리밍 서비스를 하기로 한 것은 모두 10개의 시합이다. 때문에 한 경기당 방영권료는 500만 달러인 셈이다. 미국에서 압도적인 인기를 끌고 있는 NFL이라고는 하지만, 지상파와 케이블 방송국에서도 방영하므로 독점 계약이 아닌 것치고는 파격적인 금액이다. 아마존은 NFL 외에도 미국 프로농구 협회인 NBA, 메이저리그 등 다른 중요한 스포츠 단체와도 온라인 스트리밍에 대한 교섭을 진행하고 있다고 한다.

이 정도까지 준비해두면, 아마존이 고객의 라이프 스타일에 침투하는 것은 식은 죽 먹기다. 그리고 그렇게 사로잡힌 고객의 마음에선 탈퇴하려는 생각이 봄 햇살에 눈 녹듯 사라져버리고 만다. 그냥 계속 아마존 프라임 회원으로 머물면서 또다시 아마존에서 쇼핑을 하고 만다. 프라임 서비스란 이런 시스템으로 돌아가게 되어 있다.

온라인 구매만이 목적이 아니라 동영상을 보고, 음악을 들으려고 아마존 프라임 회원이 되는 이용자들은 확실히 계속 증가하게 될 것이다.

amazon

제
5
장

아마존으로부터
M&A를 배운다

M&A의 장점에 대해
생각해본다

아마존의 M&A를 분석하기 전에 M&A란 무엇인가를 생각해보자. M이란 영어로 merger, 즉 합병을 뜻한다. A란 영어로 acquisition, 즉 인수를 뜻한다. M&A는 M&A하는 기업이 대상 기업의 주식을 전부 사는 것, M&A하는 기업이 대상 기업의 주주와 주식을 교환해 하나의 회사가 되도록 하는 것, 특정 혹은 전 사업의 이권을 사는 것 등 다양한 방식으로 진행된다.

일본 대기업의 경우에는 주주 수와 관련 회사와 상호 보유하는 주식이 많다. 따라서 M&A가 곤란한 경우가 많다. 하지만 상대가 벤처기업이라면 사정은 조금 달라진다. 창업자가 아직 젊고 대부분 주식을 혼자 보유하는 경우가 많기 때문이다. 벤처기업을 창업한 쪽에서는 큰 부자가 되려면 기업공개를 해 주식시장에 상장하든가 회사를 매각해야 한다. 즉, 소유하고 있는 자사의 주식을 단순히 팔아버리면 된다.

2008년부터 2013년까지 사이에 아마존은 패브릭닷컴 fabric.com 과 북디파지토리 bookdepository 처럼 독자적으로 온라인 판매 사이트를 운영하는 온라인 소매업자 중 적어도 6곳과 M&A를 했다. 회사를 판 벤처 경영자의 입장에서 보자면 실로 창업 수준의 상황으로부터 벗어날 수 있는 기회, 즉 출구다. 한편, 회사를 사들인 아마존의 입장에서 보자면, 경쟁상대를 없애는 동시에 그 기업의 노하우와 고객을 가져올 수 있게 된다.

아마존에서 수익을 올리고 싶다고 하자. 그러면 아직 아마존이 관심을 가지지 않는 상품의 온라인 상거래 사이트를 세워 크게 키운 후 사업 자체를 아마존에 매각하는 것이 좋을지도 모르겠다. 그러나 그런 기회를 가진 상품은 이미 거의 남아 있지 않는 듯하다.

아마존은 지금까지 크고 작은 다양한 기업을 70개사 이상 매수해왔다. 하지만 M&A에는 엄격한 편이다. 기회가 닿는 대로 매수하는 방식을 취하지는 않는다. 하지만 항상 M&A를 염두에 두고는 있다. 심지어 세계 최대의 물류 기업인 페덱스Fedex를 매수하려고 검토했었다니 놀라울 뿐이다.

아마존이 지금까지 매수한 회사를 돌아보자. 그러면 온라인에서 신발을 판매하는 자포스Zappos, 게임 동영상 라이브 방송에 손을 대고 있는 트위치Twich 등 인터넷 기업의 매수가 눈에 띈다. 그런 흐름 속에서 2017년에 있었던 홀푸드 매수는 조금 의미가 다르다. 이는 신선식품의 세계를 바꿀지도 모른다. 어떻게 그게 가능한지를 알아보기 전에 홀푸드 매수 과정부터 살펴보자.

이 매수는 홀푸드의 사정에 따른 것이라 보는 편이 타당하다. 매수 금액은 137억 달러였다. 그때까지 가장 큰 매수 규모는 신발 판매업체인 자포스 매입에 투자한 12억 달러였다. 이처럼 다른 어떤 매수와 비교해볼 때도 규모 자체가 다른 투자였다. 홀푸드에 대한 아마존의 관심이 얼마나 큰지를 보여주는 대목이다.

홀푸드는 유기농 식품을 취급하는 고급 슈퍼마켓이다. 첨가물, 인공 착색료, 화학조미료 등을 사용하지 않는 식품을 다루겠다고 선언한 바 있다. 이미지상으로는 일본 기업인 퀸즈 이세탄Queen's Isetan이나 세이조이시이成城石井와 비슷하다. 홀푸드는 미국 전역에 약 450개의 매장을 가지고 있다. 인구가 많은 도심부에 몰려 있다. 대부분 아마존의 창고가 드문 지역들이다. 입지 면적도 큰 매장이 많다. 슈퍼마켓이기 때문에 당연히 냉장이나 냉동 시설도 갖추어져 있다. 신선식품 분야 진출에는 안성맞춤이다.

홀푸드의 존 매키John Mackey CEO는 회사의 관계자 모두가 행복하게 되는 경영을 목표로 하고 있다. 주주만 극단적으로 중시하는 경영과는 거리를 두고 있다. 업적이 나빠져 전년도 대비 매출액이 2.5퍼센트 감소했지만, 적자를 내고 있었던 것은 아니었다. 성장이 조금 둔화되기는 했어도 여전히 우량기업이었다.

하지만 2017년 4월에 한 헤지펀드가 홀푸드의 주식을 대량으로 사들여 대주주가 되었다. 이 일로 CEO인 매키가 추구하는 경영과 어떤 의미에선 정반대 입장에 선 사람들이 경영권을 쥐게 되었다. 이 사람들은 실적 회복을 위한 발본책을 제시하도록 매키에게 요구했다. 이에 대해 매키는 아마존에 매수되기 직전 〈텍사스 먼슬리〉라는 잡지와의 인터뷰에서 이렇게 말했다.

"비즈니스 세계에서는 소시오패스처럼 탐욕에 눈먼 무리가 사람들을 속이고 고객을 무시하면서 직원들을 착취합니다. 심지어 유독 폐기물을 갖다 버려 환경을 파괴하기도 하지요.
그런 무리가 홀푸드마켓을 사들여 큰 돈벌이를 하려고 듭니다. 이런 사람들을 내가 얼마나 싫어하는지를 그들에게 알려줄 필요가 있습니다."

존 매키가 헤지펀드를 얼마나 싫어하는지를 잘 드러내는 말이다. 그 후 매키는 여러 회사에 매각 의사를 타진했다. 제프 베조스와는 2주에 걸친 협상을 벌여 일본 엔으로 환산해 1조 엔이 넘는 가격에 홀푸드를 매각하기로 합의를 보았다.

아마존은 매각을 제안 받았다고 해서 단기간에 매수를 결정하지는 않는다. 일부 보도에 따르면, 아마존은 2016년부터 홀푸드 매수를 검토하고 있었다고 한다. 하지만 당시에는 거점이 될 만한 매장 수가 적다고 판단해 매수를 보류했다. 따라서 이미 홀푸드 매수를 대비해 그 효과를 계산해놓았기 때문에 매수 협상을 조기에 마무리 지을 수 있었던 것일지도 모른다. 이처럼 살지 말지는 잘 몰라도 압도적인 자금력을 무기 삼아 다른 기업의 매수를 항상 검토하고 있는 것이 아마존이다. 이 역시 아마존이 21세기의 로마제국이라 불리는 이유 중 하나다.

테크놀로지와 실제 매장을 융합시킨
장대한 실험이 시작된다

–

자사와 닮은 고객층을 가진 회사를 매수하면 이점이 많다. 고객 데이터를 모조리 얻을 수 있기 때문이다. 모건 스탠리에 따르면, 홀푸드 구매 고객의 약 62퍼센트는 아마존의 유료서비스 프라임 회원이다. 이처럼 아마존과 홀푸드는 고객층이 서로 닮았다.

아마존이 홀푸드를 산하로 들이는 것을 보고, 온라인 판매가 힘든 신선식품 사업을 강화하겠다는 의도는 아닐까 하는 생각이 들었다. 신선식품은 선도가 중요하기 때문에 그 관리 노하우나 매입

처와의 관계가 중요하다. 그런데 아마존은 홀푸드를 통해 이에 대한 정보를 통째로 얻을 수 있다. 신선식품 유통망을 새롭게 구축하지 않아도 홀푸드에 축적된 정보를 그대로 활용할 수 있다.

미국에서 개인이 식품 구입에 지출하는 금액은 연간 2.5조 달러다. 개인 전체 지출의 30퍼센트를 차지하고 있다. 지출을 이루는 모든 항목 중에서 가장 큰 비중을 차지한다. 아마존 온라인 판매의 출발점인 도서는 지출 중에 아주 낮은 비율을 차지하는 편이다. 따라서 아마존이 소매업의 다른 부문으로 손을 뻗치고 싶은 것은 당연하다.

아마존이 홀푸드를 매수한 첫 번째 이유는 실제 매장에서 식료품 판매에 성공하기 위한 포석일 것이다.

홀푸드의 M&A에서 가장 중요한 것은 고객 데이터, 신선식품을 취급하는 노하우, 이 두 가지다. 먼저 고객 데이터를 살펴보자. 아마존은 이미 실제 매장 판매를 시험적으로 하고 있다. 계산대에서 정산할 필요가 없는 매장 아마존 고와 신선식품을 직접 가져갈 수 있는 드라이브 스루Drive through(차에 탄 채로 쇼핑 - 옮긴이)형태의 매장 아마존 프레시 픽업Amazon Fresh Pickup이 그것이다.

하지만 아마존은 아직 자신의 온라인 고객이 실제 매장에서 무엇을 사는지까지는 파악할 수 없는 단계에 머물고 있다. 만약 홀푸드의 고객이 무엇을 사는지를 알 수 있다면, 이를 바탕으로 문제를 풀 수 있을 것이다. 이것을 아마존의 기존 데이터와 합쳐서 활용하면 판매 상승효과도 기대할 수 있다.

누구든 공감하겠지만 인터넷과 실제 매장에서는 구매 형태가 완전히 다르다. 인터넷에서는 원하는 것을 콕 집어서 사는 데 비해 실제 매장에서는 충동구매를 할 가능성이 크다. 물론 아마존도 데이터에 근거해 구매 화면에 추천 상품이 뜨도록 되어 있기는 하다. 하지만 데이터로는 그것이 충동구매인지 아닌지 알 수 없다. 아마존과 홀푸드의 데이터를 비교하며 활용하면 인터넷과 실제 매장에서의 구매 형태의 차이를 확실히 알 수 있을 것이다.

그리고 이런 데이터는 아마존이 앞으로 전개하고자 하는 신선식품 매장 사업에서 상품 구성과 진열을 위한 힌트를 줄 것이다. 뿐만 아니라 온라인 사업에서도 충동구매를 더욱 촉진시킬 수 있는 구조를 구축할 수 있을 것이다.

그리고 또 한 가지 중요한 것은 신선식품을 관리하는 노하우 습득이다. 이것은 물류망의 정비로 연결될 것이다.

현재 아마존은 주문한 상품을 소비자가 받기 편한 장소에서 직접 가져갈 수 있도록 하는 데도 힘을 쏟고 있다. 자택으로 배송될 때까지 기다리지 않고 자신이 편한 시간에 가까운 매장에 찾으러 가는 구조다. 홀푸드의 약 450개 매장은 아마존의 온라인 사이트에서 주문한 상품을 받을 장소로 아주 편리하게 쓰일 수 있다. 이미 홀푸드 전 매장에 아마존의 상품을 받아볼 수 있는 로커가 설치되고 있다.

아마존과 홀푸드는 고객층이 거의 같다. 때문에 온라인에서 주문한 상품을 찾으러 온 고객이 홀푸드 매장에서 식료품을 사게 될 가능성도 크다. 이미 프라임 회원에게는 홀푸드에서 누릴 수 있는 할인과 특전이 제공되고 있다. 홀푸드 매장에서 아마존의 계정으로 결제할 수 있는 시스템을 구축하는 것도 재미있을 것이다.

2018년에 들어 많은 소매업자들이 두려워했던 아마존의 새로운 서비스가 시작되었다. 바로 홀푸드의 식료품을 프라임 회원에게 주문 후 2시간 이내에 배송하기 시작한 것이다.

홀푸드의 매수로 아마존은 이제까지 키워온 테크놀로지와 실제 매장을 융합시키는 장대한 실험을 해볼 수 있게 되었다. 1930년대에 슈퍼마켓을 탄생시킨 장본인으로서 슈퍼마켓의 아버지로 불리는 마이클 컬렌Michael J. Cullen이 매장에 셀프 서비스 방식을 도입한 이래 가장 큰 충격이 신선식품업계에 찾아올지도 모른다.

팔 예정이 없는 기업도
매수한다

—

홀푸드의 경우는 홀푸드가 먼저 아마존에 매수 의사를 물어왔다. 하지만 이것은 특별한 경우다. 아마존은 팔 예정이 없는 기업을 매수해버리기도 한다.

일회용 기저귀와 유아복 등 아기용품으로 유명한 다이퍼스닷컴 diapers.com(이하 '다이퍼스')이 바로 그런 경우다. 다이퍼스는 부피가 커서 온라인 판매에는 적합하지 않다는 일회용 기저귀를 인터넷에서 팔아 실적을 키웠다. 발송 때 상자 크기를 주문한 양에 딱 맞게 조절해 최대한 작게 줄인 것이 성공의 비결이었다. 이에 주목한 아마존은 다이퍼스를 매수하려고 나섰다. 하지만 돌아온 것은 다이퍼스의 거절이었다.

그 후 아마존은 2010년 엄마 아빠 고객을 대상으로 하는 아마존 맘Amazon Mom을 개설했다. 《아마존, 세상의 모든 것을 팝니다》에 따르면, 아마존 맘은 다이퍼스를 궁지에 몰아 매각하도록 만들기 위해 도입된 프로그램이었다. 즉, 이 새로운 서비스는 다이퍼스 매수 전략 중 하나였던 듯하다.

당시 다이퍼스에서 45달러에 팔던 종이 기저귀 팜파스를 아마존에선 39달러에 팔았다. 게다가 아마존 맘 회원으로서의 정기 택배를 이용하면 30달러 이하라는 초특가로 살 수 있었다. 팜파스 제조사 P&G의 도매가와 배송료를 생각하면 아마존은 손해를 보고 파는 게 분명했다. 아마존 맘은 1회용 기저귀에서만 3개월에 1억 달러 이상의 손해를 보았다고 한다.

이 시기 동안 아마존은 돈 벌 생각은 전혀 없었다. 오직 다이퍼스가 백기를 들게 만드는 데만 주력했다. 결국 아마존의 저가 공세에 밀린 다이퍼스는 더 이상 견디지 못하고, 같은 해 아마존에 좋은 조건으로 M&A해줄 것을 제안했다.

현금만 있으면
실적이 좋은 경쟁상대도 M&A할 수 있다

아마존은 인터넷에서 구두를 파는 자포스를 매수할 때도 같은 방법을 썼다. 제프 베조스가 자포스를 손에 넣고 싶어 했던 이유는 소비자들이 "자포스는 좋은 회사"라고 입을 모아 칭찬하는 브랜딩 파워 때문이었다고 한다.

자포스는 배송료 무료에 1년 동안 반품도 무료다. 또한 고객의 불만 처리 상담 전화에 상담원이 몇 시간이고 응대해준다. 가장 길게는 7시간 넘게 상담한 고객도 있다고 한다. 또한 자사에 재고가 없으면 3개 회사 이상 다른 사이트를 검색해 상품을 추천해주는 자세를 보였다. 그럼으로써 고객들의 열렬한 지지를 받아 고객이 또다시 찾아오게 만들었다. 자포스는 2000년 창업 후 10년도 지나지 않아 매출 10억 달러를 돌파했다. 아마존 산하로 들어간 뒤에도 순조롭게 성장을 계속해 15년째에는 매출이 30억 달러까지 확대되었다. 한편, 일본 ABC 마트의 매출은 약 2,400억 엔(약 24억 달러)이다.

ABC 마트는 독자적인 브랜드 상품 등의 전개로 일본의 신발업계에선 상당히 높은 성장률을 보이고 있다. 창업한 지는 30년이 넘었다. 이것만 봐도 자포스가 얼마나 빨리 고객의 마음을 사로잡았는지, 베조스가 왜 그렇게 이 기업을 탐냈는지 알 수 있다.

자포스 역시 처음엔 합병을 거절했다. 때문에 아마존은 온라인 신발 판매 사이트 엔드리스닷컴Endless.com을 1억 5,000만 달러를 투자해 개설했다. 오직 자포스를 저격하기 위한 사이트였다. 그리고 다이퍼스를 합병할 때와 마찬가지로 자포스보다 싼 가격으로 신발을 팔아 공세에 나섰다. 그리고 자포스 경영진에게는 매수 후에도 독립적인 경영을 허락한다는 파격적인 조건을 제시했다. 그러곤 2009년에 드디어 자포스를 산하로 끌어들였다.

자포스는 매수 당시 이미 이름이 알려진 기업이었다. 그런 상대마저 수단을 가리지 않는 전략으로 공격하는 아마존이다. 만약 체력이 약한 중소기업이 목표물이 된다면, 저가 공세에 일순간 도태되어버리고 말 것이다.

이 두 가지 사례로부터 아마존의 서비스력과 현금만 있으면 어떤 M&A라도 가능하다는 것을 알 수 있다.

일본에서의
M&A가 이루어질 가능성
-

아마존의 과거 M&A를 살펴보면, 앞으로 일본에서 일어날 수도 있는 M&A 전략이 보인다. 물류회사의 최대 고민은 앞에서도 언급했듯이 재배달 문제다. 야마토는 재배달 대책으로 긴급 택배센터 접수 서비스를 2017년 10월부터 시작했다. 전국 약 4,000개소에 이르는 긴급 택배센터를 지정해서 접수하면 배송료가 54엔 할인된다.

홀푸드가 접수 거점으로서 성공한 선례를 만들면, 아마존의 매수 대상은 분명히 거대 백화점과 종합 슈퍼마켓이 될 것이다. 마침 상황이 유리하게도 이미 소매점 수는 넘쳐난다. 매장마다 경영난으

아마존이 M&A한 회사 일람

기업명	사업	매수 금액 (일부 추정)	매수 연도
홀푸드	식료품 판매	137억 달러	2017
자포스	신발 인터넷 판매	12억 달러	2009
트위치	게임 방송	9억 7,000만 달러	2014
키바 시스템 Kiva Systems	로봇 창고 관리 시스템	7억 7,500만 달러	2012
수끄닷컴 Souq.com	중동 최대 인터넷 판매	7억 달러	2017
퀴드시 Quidsi	아기용품 인터넷 판매 등	5억 5,000만 달러	2010
엘리멘탈 테크놀로지 Elemental Technologies	영상 압축 솔루션 기업	5억 달러	2015
안나푸르나랩 Annapurna Labs	이스라엘 반도체 개발	3억 7,000만 달러	2015
오더블 Audible	오디오북	3억 달러	2008
알렉사 인터넷 Alexa Internet	웹 트래픽 추적 및 순위 집계	2억 5,000만 달러	1999
굿리즈 Goodreads	서평을 게시하는 소셜네트워크 서비스	1억 5,000만 달러	2013

로 면적을 줄이는 것이 과제가 되고 있다. 미국 전역에서 많은 쇼핑몰들이 문을 닫기 시작했다는 것도 확실히 눈에 띄는 현상이다.

게다가 백화점과 종합 슈퍼마켓이라면 옷을 입어보는 코너를 만들 수도 있다. 마음에 드는 것만 가져가고 나머지는 반품하는 서비스도 가능한 것이다. 매장에 매력적인 가구와 잡화를 전시해 구매 의욕이 더욱 높아지도록 유도할 수도 있다.

물론 거리에 무수하게 있는 편의점과 슈퍼마켓이나 드럭스토어도 접수 거점으로 사용할 수 있다. 매출이 심각하게 떨어지고 있는 백화점이나 종합 슈퍼마켓과 아마존의 이해는 일치하고 있다. 아마존이 일본에서도 거대 백화점과 종합 슈퍼마켓을 매수했다고 해도 전혀 이상한 일이 아닐 것이다.

아마존이 하는 것은
1980년대 일본 대기업 방식

일본의 기업은 해외 기업에 비해 수익성이 낮다는 이야기를 들은 사람들이 많을 것이다. 즉, 규모에 비해 많은 돈을 버는 기업은 적다는 이야기다.

그 원인으로는 몇 가지가 있다. 경영 스타일이 구식이라는 것이 가장 흔하게 드는 이유다. 즉, 경영 목표로서의 이익이 아니라 매출액과 시장점유율을 중시하는 기업이 많다고 평론가들은 지적한다. 이것은 환경이 격변했는데도 '큰 것이 좋은 것이다'라는 고도경제성장 시대의 감각을 그대로 지키면서 21세기를 맞이한 일본 기업들이 많다는 이야기다. 따라서 그런 자세를 바꾸려는 움직임도 보이고 있다.

하지만 어찌 된 일일까. 아마존의 성공을 보고 있으면, 시장점유율을 중시하는 것이 정말 '악'인지 의문이 생긴다. 시장점유율을 중시하는 아마존의 태도는 채산성을 완전히 도외시하고 있다고 해도 좋을 정도다. 팔면 팔수록 적자가 늘어나도 경쟁상대가 도태되면 그 후 시장을 장악할 수 있다. 때문에 자신이 물러나든가 상대가 물러나든가 결정이 날 때까지 극단적인 승부를 건다. 다이퍼스나 자포스를 상대할 때도 적자를 각오하고 상대가 포기하고 물러날 때까지 저가 공세를 멈추지 않았다.

이런 전략을 실행하는 만큼 아마존의 회사 전체로서의 이익은 크지 않다. 그래도 시가총액은 세계 최상위 규모를 자랑하고 있다. 즉, 이익이 나지 않아도 투자자들은 아마존의 경영전략을 높이 평가하고 있다는 뜻이다.

일본 기업은 1980년대 시장점유율을 중시하는 경영으로 세계 전자제품업계를 휩쓸었다. 규모를 키워 상품을 저가로 공급할 수 있는 체제를 만들었다. 때문에 더욱 많은 물건을 팔아 다시 규모를 더 키울 수 있었다. 예를 들어, PC에 사용되는 반도체를 생산하는 업계에서는 세계 상위 10개 기업 중 반 이상이 일본 기업이었던 시대도 있었다.

일본 기업은 시장점유율과 매출액을 중시했기 때문에 정체를 불러들여 발전하지 못했던 것은 아니다. 어떤 사업에서 시장점유율을 늘려나가야 할지를 잘 판별하고, 그 분야 고객들의 니즈를 충족시킬 상품을 어떻게 제공할지가 중요하기 때문이다. 그런 면에서 아마존은 일본 기업에 비즈니스의 본질적인 시점이 결여되어 있음을 가르쳐주고 있다.

amazon

제
6
장

거대한 창고와 배송력으로
물류를 제압한다

거대한 창고와 배송력으로
물류를 제압한다

-

아마존 하면 물류다. 아마존에 물류란 다른 회사들을 크게 뒤처지게 만들기 위한 서비스란 점을 이미 언급했다. 이번 장에서는 아마존의 물류에 대해 자세히 살펴보겠다.

미국의 물류라고 하면, 페덱스와 UPS가 양대 산맥을 이루고 있다. 페덱스는 일본의 사가와큐빈佐川急便, UPS는 일본의 구로네코 야마토クロネコヤマト(야마토 운수의 웹사이트 이름이자 운수 서비스 사업 명칭 - 옮긴이)와 같은 존재라고 생각하면 된다. 두 회사 모두 전 세계적으로 약 4,000개의 거점을 가지고 하루에 수천만 개의 수화물을 분류해 배송하고 있다. 페덱스는 기업 대상, UPS는 개인 대상 택배를 주로 하고 있다. 특히 UPS는 이 분야에서 90퍼센트 가까운 시장 점유율을 장악하고 있다.

미국에서 아마존은 이 두 기업을 위협하는 존재가 되고 있다. 아마존은 지금까지 자사의 상품을 고객에게 배달하기 위한 물류를 정비해왔다. 하지만 이제부터는 스스로 배송업 자체에 뛰어들어도 될 정도로 뛰어난 물류망을 구축해가고 있다.

특히 요 몇 년간 아마존의 물류 강화에는 눈길을 끄는 구석이 있다. 수송용으로 구입한 대형 트레일러가 4,000대를 넘는다. 일본의 가장 큰 택배 기업인 야마토 홀딩스의 중형 화물 자동차와 대형 화물 자동차 대수를 더하면 약 3,800대. 국토의 넓이가 다르긴 하지만 물류에 달려드는 아마존의 열의가 느껴진다.

4,000대의 트레일러는 서막에 불과하다. 아마존은 육상 운송만이 아니라 공중 운송 능력도 갖추고 있다. 즉, 자체적으로 항공기를 운항하고 있다. 이를 위해 아마존은 보잉767기를 화물 항공회사로부터 리스하고 있다. 2016년 8월에는 아마존 온라인 판매 사이트 고객에게 상품을 배송하기 위해 아마존 원^{Amazon One}을 설립해 항공기를 사용한 운송 업무를 시작했다. 2017년 2월 시점으로 아마존이 자체적으로 운항하는 화물용 항공기는 16기다. 그리고 단계적으로 항공기 리스를 2.5배인 40기까지 늘리겠다고 발표했다.

리스 요금은 1기당 한 달에 50만~70만 달러라고 한다. 만약 60만 달러라고 치면 현재 지불하는 리스 요금은 매달 960만 달러, 40기라면 매달 2,400만 달러가 된다.

항공기로 배송하게 되면 공항이라는 거점도 필요하다. 아마존은 이것도 자체적으로 보유하려 준비 중이다. 2017년 1월 아마존은 최초의 항공 화물 물류센터 건설을 계획 중이라고 발표했다. 개설 예정지는 신시내티의 노던 켄터키 국제공항으로, 면적은 18만

5,000평방미터다. 도쿄돔 약 4개 분량의 규모다. 개설 예정일은 아직 정확히 밝히고 있지 않다. 약 15억 달러를 투자할 예정이며, 완성되면 2,000명이 넘는 고용을 창출하게 될 것이다.

해상운송에 뛰어들어
수출 중개업자를 축출

–

아마존은 공항 물류센터와 항공기를 사용해, 아마존에 출품하는 중국 기업 대상의 서비스를 계획 중이라고 한다. 중국에서는 정부 규제 때문에 미국 상품을 팔기가 어렵다. 결국 상품은 중국에서 미국으로 일방통행하게 된다. 아마존은 중국에서 생산된 상품을 미국, 일본, 유럽 등지로 실어 나르며 고객의 사업 확대를 뒤에서 밀어주고 있다.

아마존은 중국의 소매기업 대상으로 웹 사이트를 개설하고 있다. 현재는 아마존 출품을 도와주는 서비스에 머물고 있다. 하지만 스스로 항공기를 보유할 정도인 아마존이 자사 고객을 위해 물류를 보완하는 차원에서 만족하지는 않을 것이다. 경쟁 회사들은 아마존이 운송업에 본격적으로 뛰어들려고 하는 것은 아닌지 전전

궁금하며 지켜보고 있다고 한다.

게다가 아마존은 중국 업자가 아마존의 미국 사이트에서 판매하는 상품을 해상으로 운송하는 업무는 이미 시작하고 있다. 이처럼 아마존은 육상뿐만 아니라 해상으로까지 운송의 폭을 넓히고 있다. 하지만 자체적으로 배를 소유하고 있는 것은 아니다. 대신 중국 미국 간 NVOCC^{Non Vessel Operating Common Carrier}라 불리는 사업을 벌이고 있다. NVOCC란 운송 기관을 자사에서 보유하지 않고 타사의 배를 이용해 운영하는 시스템이다.

해상 운송은 통관과 서류 수속으로 시작되어 수화물 보관, 항구에서 창고까지의 운송 등 필요한 업무의 폭이 아주 넓다. 이런 모든 과정을 처리하는 것을 NVOCC라 한다. 아마존의 고도로 발달된 IT 기술이 이런 과정에도 적용되어 빛을 발하고 있다. 자체적으로 운송 기관을 가지고 있지 않기 때문에 더욱 최적인 운송 루트를 선택할 수 있다는 이점도 있다.

잠깐 벗어나는 이야기를 하자면, NVOCC에도 나오는 커먼 캐리어 Common Carrier란 원래 자체적으로 증기선을 보유한 해운업자를 가리키는 말이었다. 지금도 해운업계에서는 사용되는 용어다. 그런데 요즘에는 오히려 통신업계에서 자체적으로 통신 설비를 갖춘 거대 전기통신 사업자를 가리키는 말로 쓰이고 있다. 일본에서는 NTT 그룹, KDDI. 소프트뱅크 3개 회사가 이에 해당된다.

해상 운송과 마찬가지로 통신업계에서도 자체적으로 설비를 가지지 않고 커먼 캐리어로부터 회선을 빌려 사업을 전개하는 기업은 많다. 예를 들어, MVNO^{Mobile Virtual Network Operator}(가상이동통신망 사업자)라 불리는 사업자들이다. LINE 모바일, UQ 모바일, DMM 모바일 등이 전부 MVNO다.

아마존이 해운 사업에 참가하면서 아마존에 출품하는 중국 기업들은 운송 단계에서부터 아마존에 일괄 위탁할 수 있게 되었다. 이로 인해 번잡한 해운 수속 과정을 생략할 수 있을 뿐 아니라, 비용이 훨씬 절감된다.

그뿐만이 아니다. 아마존 자신도 중국의 제조업자로부터 매입한 제품을 보다 싸게 미국 소비자에게 제공할 수 있게 된다. 운송을 직접 하기 때문에 수출 단계에 끼어드는 중개업자를 뺄 수 있어 가능한 일이다. 또한 아마존은 PC를 비롯한 많은 자사 제품을 중국에서 생산하고 있다. 그런데 수송을 자체적으로 하면 비용을 낮출 수 있어 PB 상품을 더 싼 가격으로 팔 수도 있다.

현재 아마존은 NVOCC 해상 운송에 손을 대고 있다. 하지만 수송량이 늘고 자체적으로 배를 가지는 편이 합리적이라 판단한다면 결국 직접 배를 소유하게 될 것이다. 지금까지 살펴보았듯이 상품을 고객에게 싸게 배달하기 위해서는 수단과 방법을 가리지 않는 기업이 아마존이었기 때문이다. 아마존이 왜 수송력을 강화했는가 하면, 배송비 증대 때문이다. 미국 택배업계에서는 개인을 대상으로 하는 택배의 경우 UPS가 90퍼센트 가까운 시장점유율을 자랑하고 있다. 과점하고 있는 것이다. 따라서 온라인 판매 사이트 등의 많은 업자들이 비교적 높은 배송료를 억지로 지불하고 있는 상황이다.

아마존의 사업 규모가 확대되면서 배송비는 해마다 증가하고 있다. 2014년도에 100억 달러를 넘어, 2015년도에는 120억 달러에 육박하고 있다. 배송비만으로 1조 엔이 넘는 금액을 지불하고 있는 셈이다. 1조 엔이라면, 일본 최대 대기업 야마토 정도의 배송 사업 규모다. 아마존 역시 배송비에 이와 거의 비슷한 액수를 지불하고 있기 때문에, 그 부담이 얼마나 큰지 이해할 수 있다. 아마존 매출액에 대한 배송비 비중은 10퍼센트가 넘어 배송비를 줄이는 것이 아마존엔 숙제거리라 할 수 있다.

마지막 1마일을 통제하면
물류를 통제할 수 있다

-

트레일러와 항공기 등을 사용한 화려한 물류망 구축에 대해 지금까지 알아보았다. 그런데 사실 아마존 물류의 가장 큰 특징은 '마지막 1마일'에 있다. 마지막 1마일이란 소비자에게 가장 가까운 물류 창고로부터 소비자의 집까지의 구간을 의미한다. 원래는 통신업계 용어로, 기지국으로부터 이용자의 건물을 연결하는 구간을 가리키는 말이었다. 하지만 최근에는 물류업계에서도 이 말을 쓰고 있다.

통신이 가능하려면, 기지국으로부터 이용자의 건물까지 전선을 이용해 물리적으로 연결되어야만 한다. 이와 마찬가지로 물류에서 마지막 1마일에도 물리적으로 연결되는 과정이 필요하다. 이를 위해선 몇 천 개의 배송센터가 필요하고, 몇 만 명에 이르는 운전기사를 고용해야만 한다. 물론 이것은 특정 기업에만 가능한 일이다. 물류에서는 이 마지막 1마일의 비용이 가장 크고, 이 비용을 감소시킬 수 있는지 없는지가 가장 중요한 열쇠다. 아마존은 이 마지막 1마일 때문에 시행착오를 겪고 있다.

먼저 미국에서 2011년도 가을에 아마존 로커Amazon Locker를 시작했다. 쇼핑센터 안과 같은 곳에 택배 로커를 만들어 그곳에서 주문한 상품을 찾아가도록 하는 사업이다. 또한 2015년 2월부터는 대학과 가까운 곳에서 주문품을 찾아갈 수 있는 유인센터를 연달아 개설하고 있다. 아마존 프라임과 대학생판 프라임인 아마존 스튜 던트Amazon Student 회원이 22시까지 주문하면 배송료 무료로 다음 날 이곳에서 상품을 받아 갈 수 있는 시스템이다.

2015년 9월에는 우버Uber와 같은 배달 시스템인 아마존 플렉스Amazon Flex를 시작했다. 아직 시험 단계인 것도 있다. 예를 들어, 실리 콘밸리에는 식료품을 받을 수 있도록 소규모 창고가 몇 개 가동되 고 있다. 단, 아직은 직원을 대상으로만 실험 가동 중이다. 사전에 인 터넷으로 주문하고 받을 날짜를 지정한 뒤 이 창고에 가면 종업원이 주문한 상품을 봉투에 넣어 두었다가 차의 트렁크까지 운반해준다.

마지막 1마일에서 중요한 것은 물류 창고다. 당연한 이야기지만 이 창고를 고객에게 가까운 곳에 둘수록 최대한 빠른 배송이 가능 하다. 국토가 넓은 미국에서는 더욱더 그러할 것이다.

1997년 주식 공개 때 아마존은 대형 물류센터를 하나밖에 가지고 있지 않았다. 그러던 것이 2008년에는 20개 센터를 넘었고 2015 년에는 80개 센터를 넘어섰다. 《아마존과 물류 대전쟁》에 따르면, 당초 미국 아마존 물류센터는 소비지에서 수백 킬로미터 떨어진 곳에 위치하고 있었다. 하지만 현재는 소비지로부터 100킬로미터 이내에 설치하는 경우가 많다. 이렇게 하면 마지막 1마일의 비용이 낮아진다. 거리가 가까워지면 트럭 주행 거리가 짧아지고 그만큼 같은 시간 동안 오갈 수 있는 횟수와 배달할 수 있는 수화 물량도 많아지기 때문이다.

투자은행 파이퍼 재프리에 의하면, 현재 미국의 인구 44퍼센트가 아마존 시설로부터 20마일(약 32킬로미터) 이내에서 생활하고 있다. 광대한 미국의 거의 절반의 인구가 32킬로미터 이내에 들어와 있다니 놀라지 않을 수 없다. 게다가 2010년에는 그 비율이 겨우 5퍼센트였다.

물류업자와
이렇게 사귄다

-

창고의 효율화는 물론이지만 물류에 있어 아마존의 최대 개혁은 물류업자를 새롭게 바라보았다는 점이다. 2011년경부터 아마존은 'UPS 의존에서 벗어나기'를 진행해왔다. 미국에서는 개인 대상 택배 분야에선 UPS가 가장 강력하다. 아마존도 당초에는 UPS를 주로 이용하고 있었다. 하지만 2013년 시점에서 보자면, 아마존의 약

7억 개 미국 내 출하품 중 35퍼센트(가장 큰 몫)를 배송하는 것은 UPS가 아니었다. USPS(미합중국우편공사)였다. UPS의 몫은 그다음인 30퍼센트였다.

USPS는 조직 구성이 닛폰유빈과 비슷하다. 하지만 미국 내 평판이 상당히 나쁘다. 서비스 수준이 낮기 때문이다. 아마존은 이런 USPS를 최대 배송 수단으로 사용하면서, 미국에서는 UPS와 페덱스만이 실현할 수 있는 일요일과 국경일 배송을 행하고 있다. 업계에 큰 놀라움을 던져준 일이었다.

아마존은 어떻게 이런 일을 실현할 수 있었을까? 물류 최대의 부담은 창고 내의 수화물 분류다. 사실 아마존은 USPS 대신 이 분류 작업을 했다. USPS는 이미 분류된 수화물을 나르기만 하면 되었다. 때문에 부담이 크게 줄어 일요일이나 공휴일 배송이 가능했던 것이다.

또한 아마존은 당일 배송을 위해 지역의 배송 회사도 적극적으로 이용하고 있다. 고객과 가까이 있는 자사의 물류센터에서 조금 더 가까운 지역 배송 회사로 자사의 트레일러에 상품을 실어 운반하는 것이다.

2015년경부터는 로스앤젤레스, 시카고, 마이애미와 같은 몇몇

대도시에서는 프라임 회원을 대상으로 아마존 자체 배송도 시작했다. 물론 이곳에서 사용하는 트럭도 아마존이 관리한다.

이때 극히 일부 고객을 대상으로는 아마존을 이용해 수화물을 보낼 수 있는 집하 서비스도 시작했다. 아마존 자체 제작 상자와 포장재를 배포하고, 아마존을 택배 서비스로 이용하도록 하는 시스템을 시험 삼아 도입한 것이다. 트럭이 배달처에서 창고로 돌아올 때 빈칸을 비워두지 않고 수화물을 채워 운반할 수 있도록 효율을 높인 시스템이다.

이처럼 아마존은 물류 거점의 입지를 새롭게 정비하고, 일부 기능을 자사 스스로 부담하며 '탈 UPS'를 착실하게 추진하고 있다. 스스로 물류 네트워크를 쌓아감으로써 운송회사와 가격 교섭력을 가질 수 있게 되었다.

아마존은 어디까지나 크리스마스 등 배송이 몰릴 때를 대비하기 위한 보완책으로 물류사업을 시작했다고 공언하고 있다. 하지만 물류 업계에서 이 말을 그대로 받아들일 리 없다. 일부 보도에 따르면, 아마존 사내에서는 물류망의 정비를 가리켜 '도시를 먹어치우는 프로젝트'란 이름을 붙이고 있다고 한다. 물류 대기업에 대항할 수 있는 자체 운송사업 구축을 위해 기초 작업을 하고 있는 느낌이다.

프로젝트 이름에 담긴 의미를 증명이라도 하듯이 택배를 임시로 받아 두는 아마존 로커는 감소 추세다. 소규모 운송 회사와의 거래도 줄이고 있다. 그동안 소매업계의 지도를 새로 그려왔듯이 아마존이 물류업계에서도 지각변동을 일으키지 않을까 하는 아마존 위협론이 이미 현실이 되어가고 있음을 알 수 있다.

다른 회사의 상품 배송에도 뛰어들다
SWA

–

2018년 2월 아마존이 SWA^{Shipping with Amazon}(아마존과 함께 배송을) 서비스를 준비하고 있음이 밝혀졌다. SWA는 기업 고객들로부터 상품을 받아 그들이 원하는 곳(그들의 고객)까지 배송해주는 서비스다. 드디어 아마존이 다른 회사들을 위한 배송 서비스를 시작했다는 의미다.

앞에서 말한 것처럼 아마존은 이미 미국 내에서 자사 택배를 이용한 배송을 시작했다. SWA는 배송 시 생기는 트럭의 빈 공간에 다른 회사의 물건을 채워 넣겠다는 취지다.

현재 아마존의 온라인 판매 사이트에 출점하는 사업자들과 함께 로스앤젤레스에서 시험적으로 진행 중인데 곧 다른 도시로 넓혀갈 예정이다. UPS와 페덱스보다 더 싼 배송료를 책정해 고객을 끌어모으려 하고 있다. 처음엔 아마존에 출점한 기업으로부터 상품을 받는 데 그쳤지만, 앞으로는 출점 기업 이외에도 아마존의 배송 서비스를 이용하게 만드는 것을 염두에 두고 있다. 미국 내 언론은 아마존이 SWA를 시작한 이유는 결국 'UPS와 페덱스에 대항해 본격적으로 배송사업에 뛰어들기 위한 것'이라 보고 있다.

하지만 물류 전문가들은 이런 논조에 회의적이다. 기존 택배 대기업들은 몇 십 년에 걸쳐 운송망을 구축해왔다. 지금까지 몇 번이나 강조했듯이 마지막 1마일을 포함한 운송망 구축은 보통 큰일이 아니다. 페덱스는 지금도 50억 달러 투자를 계속하고 있다. 아마존이 지금부터 이들에 대항하려면 막대한 자금과 시간이 필요할 것이다.

아마존이 UPS와 페덱스를 능가하는 존재가 될지는 솔직히 알 수 없다. 사실 아마존 자신도 어떻게 물류사업을 확대할지를 구체적으로 그리고 있지 않을지도 모른다. 왜냐하면 아마존 물류망 정비의 출발점은 어디까지나 자사 판매 상품을 고객에게 좀 더 빨리 배달하기 위한 수단이었기 때문이다. SWA도 트럭에 빈자리가 있으니까 다른 회사 배송 제품을 대신 실어 나른 데서 시작되었다. UPS

와 페덱스로부터 시장점유율을 빼앗아오는 게 목적은 아니었다. 다만 보다 빨리 상품을 배달하기 위해 물류센터를 연달아 건설하고 항공기도 갖추어 도시 지역 자사 배송을 시작했을 뿐이다.

그렇다고는 해도 자사 배송을 확대하면, 트럭 대수도 증가한다. 빈 공간도 자연스레 늘어나 당연히 그것을 이용해 실어 나르는 수화물 취급량도 늘어난다. 아마존은 자사 배송 시에는 다른 택배회사들이 쉴 때도 배송하는 전략을 검토 중이다. 이것이 실현되면 아마 SWA에서도 그런 전략이 가능해질 것이다.

기존의 택배 기업에 비해 가격이 쌀 뿐 아니라 배송 시간도 유연하게 운영되면 의뢰하는 기업 입장에서는 아마존의 단골 고객이 될 수밖에 없다. 아마존이 의도했든 그렇지 않았든 택배업계 시장 점유율은 확실히 높아질 것이다. 이런 점이야말로 아마존을 아마존답게 두려움을 가지게 만드는 모습이다.

왜 일본에선
아마존이 직접 물류에 나서지 않을까

아마존은 아직 일본에선 물류망 구축에 직접 나서지 않고 있다. 그 배경에는 일본 택배업계의 높은 수준에 있다. 앞에서 언급했듯이 마지막 1마일 물류망을 구축하려면 보통 큰일이 아니다. 힘이 있어야 한다. 매출과 대비해 생각해보면 일본에선 일본 물류에 맡기는 편이 싸게 먹힌다.

일본 물류는 전국 어디나 다음 날 배송된다. 배송 받을 시간도 정할 수 있다. 국토가 더 넓기는 하지만, 미국이라면 꿈도 꾸지 못할 배송 시스템이다. 단가에 비해 제공되는 서비스가 높으면 지체 없이 외부에 맡기고, 그렇지 않으면 스스로 도맡아 한다. 이것이 아마존이다.

일본에서든 전 세계적으로든 아마존의 수화물 개수는 정확히 발표되지 않고 있다. 경제 전문 사이트인 〈도요게이자이 온라인〉에 따르면, 일본 내 아마존 수화물 개수는 2016년 시점에서 약 4억 개로 추정되고 있다. 그중 65퍼센트, 즉 약 2억 5,000만 개를 야마토가 배송 대행하고 있다. 이것은 야마토가 취급하는 전체 수화물(당시 16억 개)의 약 15퍼센트를 차지한다고 한다. 야마토엔 최대 거래처라 할 수 있다.

하지만 아마존은 야마토에 그렇게 좋기만 한 고객은 아니다. 두 회사 간 어떤 계약이 체결되어 있는지 정확히 알 수는 없다. 하지만 야마토의 입장에서 보자면, 매출은 올라도 인건비와 경비를 뺀 실질 이익은 적다. 즉, 완전히 박리다매 비즈니스 모델이다. 아마존은 거물 고객이긴 하지만, 거래상 손익은 간신히 적자를 면하는 정도라고 한다. 결국 야마토는 2017년 봄에 아마존의 당일 배송을 하지 않기로 결정했다. 다른 부분에서도 가격 인상을 요구했다.

아마존을 대상으로 하는 야마토의 운임은 280엔 전후다. 이것은 야마토 전체 평균값의 약 절반 수준이다. 야마토는 아마존과 400엔대 이상으로 가격 합의를 보았다. 적어도 수화물 1개당 120엔의 가격 상승이 있는 것이다. 2억 5,000만 개라면(2018년 기준 좀 더 늘었다고 생각하지만), 약 300억 엔의 운송비 인상이 뒤따르게 된다.

매출이 1조 엔이 넘는 일본 아마존이라고는 하지만, 이런 비용 증가는 골칫거리다. 사실 야마토가 본업으로 2017년 3월 기간 동안 올린 수익을 나타내는 영업이익은 전기 대비 절반까지 축소되었다.

업계 2위인 사가와큐빈은 2013년 아마존과의 계약을 파기했다. 그 전년부터 매출보다는 이익 중시 경영으로 방향을 틀어, 화물주와 배송 단가 인상 협상에 들어갔기 때문이다. 아마존은 단가 인상에 응하지 않았다. 때문에 사가와큐빈은 큰 고객을 잃었다. 하지만 전체 이익률은 오히려 상승했다.

일본 국토교통부의 조사에 따르면, 2015년도 일본 수화물 개수

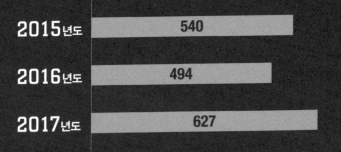

야마토의 영업이익

2015년도 685

2016년도 348

2017년도 356

사가와큐빈의 영업이익

2015년도 540

2016년도 494

2017년도 627

단위 억 엔(억 이하 버림), **주** 야마토 홀딩스, SG홀딩스의 수치는 약 37억 개. 일본에서는 1일 1,000만 개의 수화물이 유통되고 있는 셈이다. 이것은 전년도에 비해 1억 3,114만 개 늘어난 수치다. 그리고 앞으로도 계속 증가할 것으로 보인다. 이렇게 되면 운전기사 부족에 따른 재배달 부담은 점점 커진다.

야마토는 아마존만이 아니라, 큰 거래처 1,000개 회사의 기본요금을 27년 만에 처음으로 인상했다. 사가와큐빈은 물론이고, 닛폰유빈도 가격을 인상할 방침이다. 야마토가 가격을 인상함에 따라 온라인 판매 기업 닛센ニッセン은 배송료 인상에 들어갔다. 조조타운ZOZOTOWN은 당일 배송 정책을 없앴다.

업계에 도는 이야기에 따르면, 야마토는 큰 거래처 1,000개 회사를 A에서 D까지 네 단계로 나누어 교섭에 나섰다고 한다. A단계는 가격 인상은커녕 채산이 나빠 거래처에 즉시 정지를 요청할 레벨이었다고 한다. 그런데 아마존은 그다음 단계인 B였다고 한다. 즉, 상당한 가격 인상을 요구해야 할 거래처로 분류되어 있었다.

야마토는 가격 인상뿐만 아니라 당일 배송 물량 자체를 줄이려 했다. 이제 아마존은 일본에서 택배에 관한 근본적인 문제를 해결해야 하는 입장에 처하게 되었다. 업계 3위인 닛폰유빈이 아마존의 배송체계에 생긴 구멍을 메울 것이라는 보도는 있었다. 하지만 닛폰유빈이 소화할 수 있는 개수는 모두 7억 개 정도였다. 이 회사의 수송망 등 여러 조건을 고려하면, 2억 5,000만 개에 이르는 아마존의 물량을 감당해내기엔 무리였다. 2017년도 닛폰유빈이 취급한 수화물 개수는 8억 758만 개까지 증가했다. 하지만 역시 아마존은 아직도 야마토에 일부 배송을 의지해야만 했다. 때문에 야마토의 가격 인상이라는 조건을 받아들여야 했다.

하지만 미국에서 보여준 아마존의 행보를 생각해보면, 야마토가 제시하는 요금체계에 계속 순순히 응하리라고는 보기 어렵다. 어찌 보면 이런 야마토 사태는 일본 아마존이 스스로 배송 문제를 해결하기 위해 나설 계기가 될지도 모른다. 단기적으로는 야마토의 가격 인상을 받아들여 거래할 것이다. 하지만 결국 아마존은 일본 내 자체 택배망 구축에 본격적으로 달려들게 될 것이다.

주문 후 1시간 내
상품을 받는 구조

-

일본 아마존이 자체 배송망과 시스템을 가지고 있지 않다고는 하지만, 일부 상품과 회원에 대해선 꼭 그렇지만도 않다. 프라임 나우

Prime Now에선 주문 후 1시간 이내에 상품을 배달해주고, 일부 상품은 당일 배송해준다. 고객의 라이프 스타일에 맞춘 새로운 물류다. 소비자에겐 지나치게 편리한 서비스다. 그런데 어떻게 이런 서비스가 가능한 것일까.

1시간 내 배송을 지키는 프라임 나우는 아마존 스스로 준비한 차량과 가벼운 수화물을 취급하는 딜리버리 프로바이더라는 업자를 통해 급배송 서비스를 제공하고 있다. 미국에서와 마찬가지로 일본에서도 아마존은 마지막 1마일에 힘을 쏟고 있다. 아마존은 일본에서 서비스를 개시한 시점부터 미국에서 했던 전례를 참고 삼아 결국 야마토에 배송을 의지하지 않게 될 상황을 그려보고 있을 것이다. 그 증거로 프라임 나우만이 아니라 야마토가 물러난 당일 배송 부문에서 이미 다른 배송망을 이용하고 있다.

실제로 야마토로부터 더 이상 당일 배송을 할 수 없다는 통보를 받고 나서도 아마존은 별 충격을 받지 않았다. 이미 개인 운송업자를 2020년까지 1만 명 확보할 계획을 세워놓았기 때문이다.

이 문제는 인터넷 슈퍼마켓 등의 배달을 맡아서 하는, 모모타로빈桃太郎便을 운영하는 마루와 운수丸和運輸에 업무를 위탁해 해결했다. 이 마루와 운수는 개인 운송업자들을 모아서 관리한다. 앞으로는 수도권 이외 도심지에서도 이처럼 개인 운송업자를 조직화해서 활용할 가능성이 크다.

아마존은 프라임 전용 배송 거점을 기존의 창고 외에 도심부에도 설치하기 시작했다. 2017년 11월 시점에서 프라임 나우의 서비스 전용은 5개 거점으로, 도쿄, 오사카, 가나가와에 만들었다.

도쿄도 도시마구에 있는 프라임 나우 거점은 주택가 가운데에 있다. 외관은 작은 사무소처럼 보인다. 일반적인 창고보다도 훨씬 작다. 이 창고의 재고로는 그동안 거래 데이터를 바탕으로 크기와 색깔이 다양한 제품은 과감히 제쳐두고 잘 팔리는 상품들만 모아 두고 있다. 또한 이곳에선 상품 하나를 하나의 선반에 두지 않고 여러 곳에 흩어 둔다고 한다. 좁은 장소이기 때문에 여러 명의 종업원이 같은 상품을 가져가려고 몰려들어 혼잡해지는 것을 막기 위한 고도의 전략이다.

물류 창고의
플랫폼이기도 하다

-

물류라고 하면, 마지막 1마일도 소중하지만 창고 내의 시스템도 중요하다. 창고 내에 정리된 상품을 효율적으로 출하하는 것은 물류에서 큰 부담이고, 중요한 기술이다.

아마존 창고에서는 키바Kiva 로봇을 활용하고 있다. 2012년에 약 8억 달러를 들여 아마존은 키바 시스템이라는 회사를 매수했다. 창고 내에서 키바라는 로봇을 사용하고 싶었기 때문이다. 그리고 실제로 창고에서 이 로봇을 활용하면서 아마존은 배송센터의 자동화를 한 걸음 앞당길 수 있게 되었다.

키바 도입 전에는 인간이 상품을 분류하고 옮겼다. 그런데 창고가 너무 넓어 더 이상 인력으로만 이 일을 감당하기가 어려워졌다. 당시 종업원이 하루 동안 창고 내에서 이동하는 거리가 최대 32킬로미터 정도였다. 키바는 청소 로봇 룸바를 닮은 오렌지색 기계다. 선반이 나란히 늘어서 있는 창고 안을 사람처럼 교대로 오가며 물건이 정리되어 있는 선반 아래로 들어간다. 그런 뒤 그것을 들어올려 담당자가 있는 곳까지 실어다준다.

키바를 사용한 뒤부터는 피커라 불리는 종업원이 피킹 작업용 카트를 몇 시간이고 밀면서 하던 일을 몇 분 안에 마칠 수 있게 되었다. 현재 키바는 전 세계적으로 10만 대가 가동 중인 것으로 보인다. 일본에서도 가나가와 현 가와사키 시 물류 창고에 도입되어 가동 중이다(2018년 9월에 오사카 부 이바라키 시에 두 번째 거점 창고를 설립해 그곳에도 도입했다).

덧붙여 아마존이 키바를 사용하는 데는 다른 이유도 있다. 아마존 이외에 수많은 대형 창고들은 자동 창고라는 거대한 시스템을 운용한다. 이것은 창고에서 이루어지는 작업 전체를 자동화시킨 시스템이다. 벨트와 컨베이어 등 자동 운반기기를 컴퓨터와 연동시킨 것이다. 요즘 대부분의 기업의 창고에는 이 시스템이 도입되어 있다.

하지만 아마존의 창고는 원래부터 프리 로케이션이라는 시스템을 사용하고 있다. 이것은 어떤 선반(로케이션)에 어떤 상품을 두어도 좋은 시스템이다. 대신 모든 상품의 로케이션을 전부 컴퓨터가 파악하고 있다. 보통 자동 창고는 '이 상품은 이 선반'이라는 식으로 로케이션을 정해둔다. 예를 들면 백과사전은 백과사전용 선반에 정리하고, 제1권부터 제10권까지 순서대로 꽂는다. 하지만 아마존 창고에서는 백과사전 제1권 옆에 작은 소설이나 잡지 같은 책을 도착하는 순서대로 꽂는다. 그리고 거꾸로 그것을 하나하나 컴퓨터에 기억시킨다. 이렇게 하면 방대한 양의 상품을 분류해 일일이 선반을 지정해주지 않아도 된다. 선반에 빈 공간이 남아도는 것도 막을 수 있다.

상품을 선별해낼 때 키바는 '컴퓨터가 지시하는 A열 31번 선반에 있는 상품을 한 개 가져와'라는 명령을 실행한다. 일반적인 자동 창고에서는 상품마다 로케이션을 결정해주어야 하는 단점이 있다. 하지만 프리 로케이션에서는 단순히 공간만 있으면, 그 안에 있는 선반에 상품을 두고 키바에게 실어 나르게 하면 된다. 때문에 창고의 선반도 상품 크기에 구애받지 않고 만들 수 있다. 신제품과 폐품이 발생해도 선반에 구역을 새롭게 나누거나 할 필요가 없어 그때그때 상품을 갈아 끼워 넣기도 편하다. 아마존처럼 상품 수가 많고 상품을 갈아 끼우는 일이 복잡한 기업에는 안성맞춤인 시스템이다.

또한 아마존 창고는 건물만 있으면 자동 창고 시스템 같은 거대한 시스템 장치를 건설하지 않아도 즉시 조업할 수 있다. 프리 로케이션과 키바의 조합만 있으면 자동 창고 시스템처럼 번거로운 벨트 컨베이어와 자동 픽업 장치 등을 유지하고 보수할 필요가 없어진다. 또한 2012년 키바 매수 때 아마존은 놀라운 한 수를 두었다. 그때까지 키바 로봇 시스템을 도입하고 있던 기업들과 더 이상 계약을 갱신하지 못하게 한 것이다. 즉, 다른 회사에서는 더 이상 키바를 사용할 수 없게 되었다.

아마존은 키바를 매수한 뒤부터는 로봇 팔 등의 연구개발에 박차를 가하고 있다. 물론 키바 매수 목적은 자사의 창고 효율화였다. 하지만 창고 로봇 분야에서도 플랫폼을 장악하려는 아마존의 야망이 보이는 듯하다.

amazon
———
제
7
장

플랫폼의
주인이 되려면

업계에서 최고가 되려면
무엇보다 플랫폼 기업이 되어야

-

구글, 애플, 페이스북, 아마존을 한데 묶어 GAFA라 한다. 이들 기업의 사회에 대한 영향력은 무서울 정도다. 4개 회사 모두 첨단 기술을 바탕으로 한 신흥 기업이다. 뿐만 아니라 모두 각 분야의 플랫폼을 장악하고 있다고 볼 수 있다.

플랫폼 기업이란 제3자가 비즈니스를 할 수 있도록 기반(플랫폼)을 제공하는 역할을 한다는 뜻이다. 강력한 플랫폼 기업은 높은 시장점유율을 차지함으로써 업계의 규칙을 스스로 만들어나갈 수 있다. 가장 좋은 예가 석유다. 일본에는 석유 판매 대기업이 4개 회사밖에 없다. 이들이 석유 값을 자유롭게 정한다. 그리고 전국 주유소의 석유 소매가는 이들의 결정에 따라 수시로 바뀐다.

플랫폼 기업이 영향력을 발휘하는 곳에서 일하려면 이 기업이 정한 규칙에 따르는 수밖에 없다. 그런데 이런 규칙은 당연히 플랫폼 기업이 자기 좋을 대로 만든다. 따라서 무엇보다 중요한 것은 플랫폼 기업이란 자리를 차지하는 것이다.

아마존이 플랫폼 기업으로서 규칙을 정할 수 있었던 것은 판매하는 물품 종류가 많고, 마켓플레이스 등에 출점한 기업 수가 많기 때문이었다. 지배적인 지위를 구축해간다는 것은 네트워크 효과를 살리는 것과 같다고 볼 수 있다. 네트워크 효과란 여명기 미국의 전화 회사들끼리의 경쟁에서 볼 수 있었던 경제 효과다.

20세기 초에 2개의 전화회사가 있었다고 가정해보자. 전화회사 A에는 1,000명의 계약자가, 전화회사 B에는 5,000명의 계약자가 있다고 하자. 그리고 A와 B 두 회사의 계약자 간에는 서로 전화를 할 수 없다고 가정하자. 즉, A 회사의 계약자는 나머지 999명하고만 전화통화를 할 수 있다. 한편 B 회사의 계약자는 나머지 4,999명하고만 전화통화를 할 수 있다. 당연히 B 회사 쪽 전화를 쓰는 것이 더 편리하고, B 회사의 계약자 수만 점점 늘어갈 것이다. 이처럼 그 네트워크의 고객이 많으면 많을수록 네트워크의 가치가 높아지고 편리성도 점점 높아지는 것이 네트워크 효과다. 게다가 이런 효과는 네트워크 안의 사람만이 아니라 외부 사람이 보아도 확연하게 드러난다.

이런 현상은 윈도즈 등 OS에서도 볼 수 있다. 당시 일본에서 판매되었던 이치타로라는 워드 프로세서용 소프트웨어는 극적인 시장점유율을 보이고 있었다. 많은 사람들이 이치타로를 사용하고 있었다. 때문에 이것으로 작성된 문장을 읽기 위해선 어쩔 수 없이 대부분 이치타로를 사야 했다. 윈도즈라는 운영체제 프로그램도

네트워크 효과

A 회사

A 회사 가입자는
999명밖에
통화할 수 없다.

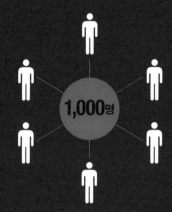

1,000명

B 회사

B 회사 가입자는
4,999명과
통화할 수 있다.

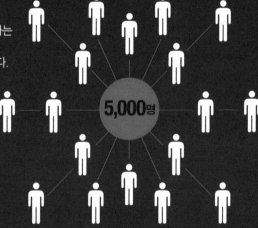

5,000명

B 회사 쪽이 가치가 더 높다.

마찬가지로 독점적으로 팔려나갔다.

아마존의 경우는 좀 더 복잡하다. 프라임 회원을 비롯해 어마어마한 이용자가 있기 때문에 취급하는 상품의 종류도 공급자 수도 나날이 증가한다. 그 때문에 이용객 수가 더욱 증가하는 선순환이 일어나고 있다.

이 장에서는 각 부문에 진출하는 아마존이 각각의 업계에서 어떤 방법으로 플랫폼 기업이 되었는지를 살펴보고자 한다. 또한 248쪽의 표를 보면 알 수 있듯이 아마존은 새로운 서비스로의 진입도 빠르고, 그만큼 후퇴도 빠르다. 잊고 있는 독자분들도 많을지 모르겠지만, 예를 들어 미국에서 아마존은 2014년에 스마트폰 사업에 진출했지만 그 이듬해에 바로 사업을 접었다. 이처럼 포기가 빠른 것도 아마존의 특징이다.

아마존에는 거액의 현금이 있다. 때문에 많은 투자금을 쏟아붓고, 새로운 사업을 연달아 시작하며 거침없이 실패할 수 있다. 다음 표에 나타난 사업 중에는 다른 사업이 성공하는 데 밑거름이 되는 것도 있다. 다시 한 번 말하지만, 아마존은 막대한 현금으로 버틸 수 있기 때문에 실패를 두려워하지 않는 회사가 될 수 있었다. 이 역시 플랫폼 기업이 되기 위한 하나의 중요한 조건이다.

아마존이 지금까지 포기한 사업들

출처 · www.dhbr.net/articles/-/4957, 주 · 경영 컨설팅 회사 Bain & Company의 아마존 분석

시작	끝	사업명
1999	2000	아마존 옥션즈 Amazon Liquidation Auctions
1999	2007	Z숍스 Zshops
2004	2008	검색엔진 〈A9〉
2006	2013	애스크빌(Q&A 사이트)
2006	2015	언박스 Unbox (텔레비전 프로그램과 영화 구입 및 렌털)
2007	2012	엔드리스닷컴(구두 및 핸드백 전문 사이트)
2007	2014	아마존 웹페이 Amazon Webpay (P2P송금)
2009	2012	페이프레이즈 Payphrase (암호를 통해 결제)
2010	2016	웹스토어 Webstore (온라인 판매 사이트 창업 지원)
2011	2016	마이해빗 MyhabIT (회원제 타임 세일)
2011	2015	아마존 로컬 Amazon Local
2011	2015	테스트 드라이브 TestDrive (애플리케이션 구입 전 시험 사용)
2012	2015	뮤직임포터 Music Importer (음원 업로드 프로그램)
2014	2015	파이어폰 Fire Phone
2014	2015	아마존 엘리먼츠 Amazon Elements (자사 브랜드 기저귀)
2014	2015	아마존 로컬 레지스터 Amazon Local Register (모바일 결제)
2014	2015	아마존 월렛 Amazon Wallet
2015	2015	아마존 데스티네이션즈 Amazon Destinations (숙박 예약)

도매 생략은 저가의 기본 -
출판업계

-

출판업계의 영락은 멈추지 않고 있다. 출판과학연구소의 조사에 의하면, 2018년 일본 출판물의 판매 금액은 1996년에 비해 약 50퍼센트까지 떨어졌다고 한다. 특히 잡지는 상황이 심각해 20년 연속 전년 대비 매출 하락이 계속되고 있다.

이런 상황에서는 대기업 출판사도 제대로 힘을 쓰지 못하고 있다. 일본의 출판물은 도매 회사를 통해 유통되는 전통이 있다. 하지만 아마존은 도매 회사를 거치지 않고 출판사로부터 직접 책을 매입해 판매할 방침을 세우고 방향을 트는 중이다. 이른바 도매 회사를 생략하는 직거래 방식을 도입하려 하고 있다.

앞에서 언급했듯이 아마존은 캐스케이드 방식으로 닛판日販 혹은 도한トーハン과 같은 도매업자로부터 도서를 매입하고 있다. 예를 들어, 매입하고자 하는 책이 어떤 도매업자들에게도 재고가 없다고 하자. 그런 경우 아마존은 일단 도매업자에게 주문을 넣고 도매업자가 출판사에 주문하는 방식을 취하고 있다.

이것이 일본의 전통적인 출판업계 관행이기 때문이다. 주문된 책은 출판사의 창고에서 나와 도매업자의 창고를 거쳐 아마존의 창고에 도달한다. 때문에 설령 출판사의 창고에 재고가 있어도 아마존의 화면에는 '재고 없음'으로 표시된다. 그래서 주문 후 고객에게 도착하기까지는 대략 일주일 정도 걸리는 경우도 있다.

2017년 6월 아마존은 이런 방식에 변화를 주기 시작했다. 도매업자에게 재고가 없을 경우 일부 출판사에 직접 발주하기 시작한 것이다. 결과적으로 판매가 호조를 띠어 증쇄한 잡지가 다 팔리지 못하고 재고로 남는 양이 줄었다고 한다. 잡지는 다음 호가 나오기까지 어느 정도 기간 안에 팔지 못하면 상품 가치가 확 떨어진다. 그만큼 신선도가 생명이다. 그런 만큼 아마존의 이런 방식은 아주 효과적이었다.

2018년 2월부터는 이제 재고가 있든지 없든지 간에 아마존은 신간과 잡지를 출판사로부터 직접 매입하는 체제를 강화하기 시작했다. 중간에 도매업자를 끼우지 않는, 본격적인 직거래에 뛰어든 것이다.

아마존과 직거래하면 출판사에도 장점이 있다. 책이 도매상에 머무는 시간을 줄일 수 있고 그만큼 아마존에 재고가 없는 기간도 짧아진다. 기회 손실을 막을 수 있게 되는 것이다. 또한 출판업계에는 팔리지 않은 책을 출판사로 반품하면 받아주는 반품 제도가 있는데, 아마존은 그런 반품률이 아주 낮다. 정확한 데이터를 근거로 전부 다 판매하기 때문이다. 이처럼 생산자인 출판사와 소매업자인 아마존이 직거래를 하게 되면, 상품인 도서를 생산지인 인쇄공장이나 출판사 창고로부터 직접 아마존의 창고로 가져오게 된다. 이때 아마존은 원하는 가격을 출판사 쪽에 제안할 수 있다. 때문에 도매원가는 내려갈 것이다. 아마 이런 면에서 도매업체로부터 책을 들여오는 다른 서점들보다 훨씬 큰 수익을 올리게 될 것이 분명하다.

절도 문제도 그냥 지나칠 수 없다. 원래 서점이 취하는 이익은 적다. 때문에 작은 서점이라면 절도가 심각할 경우 망하기도 한다는 이야기가 돌 정도다. 서점이 취하는 이익은 대게 20퍼센트 정도라고 한다. 1,500엔짜리 책을 팔면 300엔이 남는다는 계산이다.

2008년의 데이터지만, JPO 일본 출판 인프라 센터에 따르면 서점의 절도 손실률은 1.41퍼센트다. 한편 대기업 도매상인 닛판에 따르면, 2017년의 서점 영업이익률은 0.11퍼센트다. 절도만 없으면 서점의 이익은 10배 이상이 될 수도 있다는 이야기다.

한편, 매장이 없는 아마존은 절도도 없다. 즉, 온라인 판매 사이트라는 조건만으로도 일반 서점보다 최소 10배나 높은 이익을 올릴 수 있게 된다. 게다가 도매상을 빼고 직거래하면, 이익 차는 더욱 커진다.

서점이 도매상에 주는 수수료는 5~8퍼센트라고 한다. 이제 아

마존이 물류회사에 배송비를 지불하면서까지 온라인 판매를 고수하는 이유를 알 수 있을 것이다. 출판업계에서 아마존은 마치 에도 시대에 일본을 침입한 서양 선박과 같은 취급을 받았다. 이제까지 전례가 없는 방법으로 출판업계에 뛰어들었기 때문에 그러했을 것이다. 하지만 사실 이런 도매상 건너뛰기와 같은 방법은 소매업자들에겐 당연한 자구책이기도 하다. 다이에ダイエー나 이토요카도 イトーヨーカ堂 같은 유통업체들도 이런 식으로 상품을 싸게 매입해서 크게 성장한 기업들이다. 아마존은 소매업자로서 누구나 해왔고, 또 당연히 할 수 있는 방법으로 일본 출판 유통업계에 정착했을 뿐이다. 단, 그 속도가 빨랐고, 무엇이든 해낼 수 있는 아마존만의 어마어마한 현금이 있기 때문에 가능한 일이었다.

슈퍼마켓을 위협하는
아마존 프레시 Amazon Fresh

–

지금까지 몇 번이나 언급했듯이 아마존이 가장 진출하기 어려운 영역으로 보이는 것은 신선식품 사업이다. 미국에서는 품질과 신선도를 확인하기 어려운 식품을 인터넷에서 구입하는 것에 거부감을 느끼는 사람이 다른 나라보다 많다고 한다. 미국 투자은행인 모건 스탠리의 조사에 따르면, 미국 국내 신선식품의 인터넷 판매는 식료품 시장 전체의 1.6퍼센트에 지나지 않는다. 프랑스에서는 5퍼센트, 영국에서는 7퍼센트다. 때문에 상대적으로 시장이 작다는 것을 알 수 있다.

실제로 아마존은 2007년 미국 온라인 판매 사이트에서 아마존 프레시를 시작했지만 계속 고전하고 있다. 인터넷에서 주문한 정육, 생선과 같은 신선식품을 포함한, 약 50만 점에 이르는 상품을 주문 당일 혹은 다음 날 받아볼 수 있다. 하지만 아직 주문 수가 적은 것은 물론이고, 배송비, 회비, 신선도 문제 등 여러 가지 과제가 무겁게 짓누르고 있다. 그래서인지 아마존 프레시는 처음엔 소득이 높은 계층만을 목표로 했다. 원래 프라임 회원인 경우 아마존 프레시에까지 가입하면 연회비 299달러를 내야 했다. 아마존 프라임만의 회비는 99달러이기 때문에 결코 싼 가격이 아니었다. 그렇기는 해도 원래 시애틀에서만 전개하던 아마존 프레시 서비스의 제공 지역이 순조롭게 확대되는 중이라고 한다. 특히 대도시를 중심으로 매출도 꾸준히 늘어나고 있다고 한다. 2013년에는 로스앤젤레스, 샌프란시스코에서, 그리고 2014년에는 뉴욕주 일부 지구와 샌디에이고에서도 이 사업을 전개하기 시작했다.

한편, 2016년부터는 아마존 프레시가 궤도에 올랐다는 판단이 들었는지 요금 체계를 바꾸어 회비를 내렸다. 아마존 프라임 연회비 99달러에 매달 14달러 99센트를 추가하면 이용할 수 있게 되었다.

아마존 프레시는 일본에서도 2017년 4월부터 사업을 전개하기 시작했다. 현재 이 사이트에서 상품을 주문하면 최대 4시간 안에 받아볼 수 있다. 상품 구성도 손쉽게 살 수 있는 가격의 물건부터 고급품까지 아주 다양해 원하는 상품을 사기가 쉽다. 예를 들어, 소고기라면 호주산 소고기부터 유명한 마쓰사카산 소고기에 이르기까지 산지별, 부위별, 가격별로 다양한 상품을 검색할 수 있다. 또한 아마존 자체 판매 제품과는 별도로 닌교초이마한의 스키야키용 소고기처럼 유명한 맛집에서 출품한 상품도 살 수 있다. 냉동식품도 아주 많다.

신선식품은 진공 포장되어 선도 보증이란 마크가 붙어 있다. 때문에 신선도에 불만이 있으면 반품할 수 있다. 배송 받는 날짜는 28일 전부터 지정할 수 있다. 시간은 아침 8시부터 밤 12시까지 2시간 간격으로 나눠진 여덟 개의 시간대 중 선택할 수 있다. 예를 들어, 일하는 엄마가 아이들 도시락 재료를 사러 갈 시간을 내기 어려운 경우 낮 12시까지만 주문하면 그날 밤 늦게라도 집에 와서 상품을 받을 수 있다. 이것도 '고객을 제일로'라는 아마존의 슬로

건에 어울리는 서비스이자, 아마존의 배송력이 없다면 도저히 해낼 수 없는 일이다.

아마존 프레시 서비스의 대상 지역은 처음에는 도쿄 도심부 6개 구에 한정되어 있었다. 하지만 곧 18개구 2개 도시까지 확대되었다. 현재 가나가와 현 가와사키 시와 지바 현 우라야스 시 등지에서 이 서비스가 전개되고 있다.

일본에서의 이 서비스의 요금은 미국과 비교했을 때 상당히 싸다. 아마존 프라임 회원 대상의 연회비인 3,900엔 외에 별도로 월 정액 500엔을 내면 된다. 이것도 회원 수를 늘린 뒤에는 가격을 올릴 것으로 보인다. 현재 배송료는 1회당 500엔이지만, 6,000엔 이상 샀을 경우에는 무료다. 앞으로 아마존 프레시가 기존의 슈퍼마켓들에 위협이 될 것이 분명하다.

아마존 프레시는
온라인과 오프라인 매장을 오간다

몇 번이나 말했지만, 기존 소매업자에게 진정한 위협은 아마존이 온라인뿐만 아니라 오프라인 매장도 노리고 있다는 사실이다. 원래 소매업은 작은 지역 내에서 이루어지는 서비스다. 이것은 일본의 슈퍼마켓을 보면 잘 알 수 있다. 각 지역에 뿌리내리고 있는 대형 슈퍼마켓도 현 외로 벗어나면 지명도가 전혀 없게 되는 경우가 많다.

그에 비해 온라인 판매는 일본 전 지역에 서비스를 할 수 있다. 때문에 지명도가 높다. 이용자와의 접촉률이 높기 때문에 온라인 판매가 오프라인 매장으로 확대되면 훨씬 유리하다. 예를 들어, 현재 온라인에서 큰 성공을 거두고 있는 메루카리メルカリ와 조조타운도 실제 매장을 갖게 된다면 굉장한 시장점유율을 확보할 수 있을 것이다. 한편, 전국 어디서나 볼 수 있는 편의점이라면 온라인 판매로 사업을 확대해볼 만하다.

미국의 아마존은 식품 슈퍼마켓을 앞으로 10년 동안 2,000점까지 출점할 계획을 세우고 있는 것으로 보도되고 있다. 매장 이름은 아마존 프레시. 온라인 판매 사이트와 똑같은 명칭이다. 현재 이미 직원들을 대상으로 테스트를 실시하고 있다. 수천 종류의 상품을 살 수 있을 뿐 아니라 인터넷에서 미리 주문하고 날짜와 시간을 지정해 상품을 받아 갈 수도 있다. 약속한 시간에 매장에 가면 종업원이 상품을 쇼핑백에 담아 두었다가 고객 차의 트렁크까지 운반해준다. 상품 준비는 주문 후 15분 안에 마친다고 한다.

아마존은 아마존 프레시의 실제 매장을 물류 거점으로 활용하는 것도 염두에 두고 있다. 인터넷 배송용 신선식품의 창고로서 사용할 수 있기 때문이다. 이처럼 실제 매장은 인터넷 판매의 물류 거점도 되기 때문에 앞으로 한층 더 확대될 전망이다. 물론 온라인과 오프라인 양쪽을 서로 보완하는 차원에서도 활용 가능하다. 마지막 1마일(이용객의 손에 상품을 배달하기까지의 최후 구간)을 중요하게 생각하며 정책을 세우는 아마존에 2,000개의 실제 매장망이야말로 강력한 무기가 될 것이다.

한편, 소매업계에서는 코스트코와 월마트가 도시 지역에서 즉시 배송 서비스에 진출하고 있다. 아마존이 인터넷에서 실제 매장으로 진출하는 것에 대항해 실제 매장에서 온라인 판매로 뛰어들기 시작한 것이다. 단, 이런 소매업체는 인터넷에서 주문받고 배송하는 업무는 외주를 주고 있다. 온라인 판매 시스템 구축과 배송까지 모든 업무를 자사에서 행하기에는 노하우가 필요하기 때문이다. 하지만 온라인 판매로부터 출발한 아마존은 온라인과 오프라인 두 세계를 자유롭게 오가는 모습을 보이고 있다.

아마존 페이^{Amazon pay}로
경제 분야의 패자를 노려

—

아마존은 자사 서비스 외에도 플랫폼 기업으로서 영향력을 끼치고 싶어 한다. 예를 들어, 아마존 페이라 불리는 결제 수단이 그렇다.

우리가 인터넷의 새로운 사이트에서 물건과 서비스를 구입할 때 개인정보를 등록한다거나 아이디와 패스워드를 잊어버려서 번잡하게 다시 만든다거나 하는 경험을 한 번쯤은 했을 것이다. 아마존은 이런 번거로움을 없애기 위해 2007년부터 아마존 계정을 이용해 물건을 사는 아이디 결제 서비스인 아마존 페이를 개설했다. 일본에서도 2015년 5월부터 이 서비스가 시작되었다. 더불어 대형 의류 온라인 판매 사이트인 조조타운과 공연 예매 사이트인 게키단시키劇團四季 등 1,300개 이상의 회사에 이 제도가 도입되어 있다.

아마존 페이를 도입하는 기업 입장에서 보자면 많은 사람들이 이미 가지고 있는 아마존 아이디를 사용할 수 있어서 온라인 판매에서의 최대 장벽을 쉽게 넘을 수 있다. 아마존의 입장에서 보자면 결제 대행 수수료를 벌어들이고, 아마존에서 취급하지 않는 브랜드를 결제를 통해 다루어 그와 관련된 데이터도 가질 수 있게 된다. 정말 '고객을 위해서', 그리고 지금 있는 기능을 더 폭넓게 쓸 수 있도록 활용하는 차원에서 아마존다운 진출이라 할 수 있다.

이처럼 아마존 페이는 온라인 판매 업계에서 존재감을 키워가고 있다. 그리고 현재 이것을 활용해 개척하려는 분야는 실제 매장에서의 사용이다. 미국에서는 이미 일부 음식점과 레스토랑 등에 아마존 페이가 도입되었다. 이와 관련된 앱을 열면 식당의 위치 정보에서부터 근처의 이용 가능한 매장 등 여러 가지 정보가 뜬다. 그 중에 가고 싶은 식당이 있는 경우 사전 주문하면, 스마트폰으로 결제까지 완료할 수 있다. 그 후 매장에 가면 사전에 주문을 해두었기 때문에 기다리는 시간을 줄일 수 있다. 이런 전자결제의 보급은 이제 전 세계적으로 진행될 것이다. 이미 중국에서는 스마트폰 결제가 주류를 이루고 있다. 대형 매장과 교통기관은 물론이고 거리에서 물건을 파는 노점상들도 스마트폰 결제를 이용하고 있다. 알리페이와 위챗페이WeChat pay가 높은 점유율을 장악하고 있다. 전자결제가 없으면 생활이 되지 않는다는 말이 나올 정도다. 전자결제는 간단하다. 매장 단말기에서 고객의 스마트폰에 표시된 바코드를 읽어 들이거나, 거꾸로 고객이 매장의 QR 코드를 읽어 금액을 스마트폰상에서 입력하든가 하면 결제가 진행된다.

일본은행이 2017년 6월에 정리한 자료에 의하면, 중국 도심부 소비자의 98.3퍼센트가 지난 3개월 이내에 모바일 결제를 이용했다고 한다. 이미 현금이 없어도 불편하지 않은 사회가 현실이 되고 있다. 알리페이의 보급으로 중국에서의 "지갑이 사라지는 것은 아닐까?"라는 농담은 이제는 더 이상 농담이 아닌 세상이 되었다.

그런데 앞에서 언급한 일본은행의 자료에 따르면, 일본의 모바일 결제는 겨우 6퍼센트였다. 현시점에서는 거의 보급되어 있지 않다고 볼 수 있다. 중국에서 모바일 결제가 폭발적으로 증가한 배경에는 위조지폐가 많고 현금 외에 지불 수단이 정비되어 있지 않다는 사실이 있다. 때문에 일본과 단순 비교하는 것은 불가능하다.

현재 일본에서는 LINE과 라쿠텐도 실제 매장에서의 결제 서비스를 강화하고 있다. 일본을 방문하는 중국인 관광객의 수요를 충족시켜야 하는 만큼 백화점과 로손^{LAWSON}, 돈키호테^{ドン・キホーテ}도 알리페이를 받고 있다. 또한 정부도 2020년 도쿄 올림픽 개최를 앞두고 현금을 지불 수단으로 하지 않는 '캐시리스^{cashless} 사회' 실현을 목표로 삼고 있다. 매장에서 아마존 페이로 결제하는 것은 일본에선 아직 실현되고 있지 않지만 앞으로 이루어질 가능성이 크다.

아마존의 강점은 전 세계적으로 3억 명이나 되는 고객을 확보하고 있다는 사실이다. 이미 아마존의 ID를 보유하고 있는 3억 명이나 되는 사람들이 아마존 페이를 사용하는 곳이면 어디서든 굳이 새롭게 아이디를 설정할 필요가 없다. 매장 측에서도 널리 인지된 아마존 앱을 통해 쉽게 요금을 받을 수 있으니 편리하다. 이처럼 아마존 페이 최대의 강점은 도입장벽이 낮아 누구나 쉽게 사용할 수 있다는 점이다.

기술을 조합해
새로운 서비스를 만든다

-

스마트폰이 금전등록기가 되는 무인 편의점 아마존 고의 완성도 결제 산업에 하나의 위협이 되고 있다. 아마존 고 자체에 대해서는 나중에 더 자세히 설명할 것이다. 여기서는 이용자의 구매 이력을 파악할 수 있는 신용카드의 이용 정보에 대해 생각해보자. 기술적으로 정확히 할 수만 있다면, 신용카드를 통해 그 사람의 기호는 물론이고 자산 현황까지 대충 파악할 수 있다.

아마존은 이미 온라인 판매를 통해 방대한 결제 정보를 축적하고 있다. 아마존 고는 매장에서 금전등록기를 없앴다. 그럼으로써 오프라인 매장의 필수품인 결제 단말기를 치우는 대신 그것을 고객의 손에 스마트폰이란 형태로 쥐어주게 되었다. 그 결과 페이팔paypal 등의 전자결제 서비스와 금융기관에 아마존 고가 더욱 큰 영향을 끼치게 되었다. 아마존이 지금보다 결제 정보를 더 많이 장악하게 되면 개인을 대상으로 한 금융 비즈니스에 진출할 가능성도 커진다.

스마트폰 금전등록기라니 상상조차 하기 어렵다고 생각하는 독자 여러분도 있을 것이다. 하지만 아이폰이 처음 발매된 것이 불과 10년 전이었다. 11년 전만 해도 지구상에는 인터넷 연결은 꿈도 꿀 수 없는 폴더폰만 있었다. 그 사실을 생각하면, 스마트폰이 금전등록기로 쓰이는 것쯤이야 그리 어려운 일도 아닐 것이다.

아마존 고가 언제 일본에 상륙할지는 모르겠다. 하지만 아마존 페이를 사용하게 된다면 스마트폰 금전등록기만큼은 이미 실현된 것이나 마찬가지다. 또한 아마존 페이를 사용하면 현금이 필요 없는 결제뿐만 아니라 이용할 수 있는 다양한 서비스가 아주 많다. 예를 들어, 아마존 페이에는 오토매틱 페이먼트automatic payment 기능이 있다. 정해진 기간 안에 일정액을 자동으로 지불하고, 그 범위 안에서 상품과 서비스를 받는 구조다. 예를 들면 한 달에 매월 5,000엔이 자동이체 되도록 해놓고 매월 5,000엔까지 사용할 수 있도록 설정하면 된다.

아마존에서의 오토매틱 페이먼트 사용은 콘택트렌즈 등 정해진 상품을 정기적으로 받아 보는 서비스용이 보통이다. 하지만 이것을 실제 매장에 도입할 수도 있을 것이다. 예를 들어, 매장에 왔을 때 QR 코드를 찍거나 매장 안에 설치된 무선기기를 통해 인증을 받거나 한 뒤에 물건을 사고 금전등록기로 돈을 지불하지 않아도 좋다. 왜냐하면 오토매틱 페이먼트 기능을 사용해 설정해놓은 금액 범위 안에서 자동결제를 할 수 있기 때문이다.

이제 아마존이 영향을 끼치는 경제권역은 온라인만이 아니다. 아마존은 그동안 갈고닦아온 기술을 이용해 소비의 모든 부문으로 파고들어가려 하고 있다.

하이브랜드도 속속 참여시키는 B2C 아마존 패션

미국 패션 소매업계의 최대 기업인 메이시스Macy's가 전체 매장의 15퍼센트에 해당하는 150개 매장을 폐쇄하겠다고 발표했다. 2016년 8월의 일이다. 메이시스는 미국의 백화점의 대명사이기도 하다. 일본으로 치자면 미쓰코시이세탄이나 다카시마야에 해당한다고 할 것이다. 맨해튼 34번가에 있는 매장은 뉴욕을 상징하는 곳

으로 미국 전체에서 최대 면적을 자랑하는 매장이기도 하다. 또한
〈34번가의 기적〉 등 영화의 무대가 되기도 했다.

메이시스는 2015년 9월에도 최대 50개 매장을 축소하겠다는 계획을 발표했었다. 그런데 그로부터 불과 1년도 되지 않아 추가로 매장을 100개 더 폐쇄하기로 결정한 것이다. 일본 백화점 전체 개수가 2017년 5월 기준 229개다. 그것을 고려하면, 국토의 면적이 전혀 다르긴 하지만 폐점된 매장 수가 주는 충격을 실감할 수 있을 것이다. 그리고 그토록 많은 메이시스 매장 폐점을 불러온 주요 원인은 아마존이었다.

2015년 시점의 계산이긴 하지만, 아마존의 패션 분야 매출액은 2020년에는 520억 달러에 이르고 시장점유율도 5퍼센트에서 14퍼센트로 확대될 전망이다.

패션 소매업계의 매출 성장은 평균적으로 해마다 2.5퍼센트 증가할 것으로 예상된다. 한편, 아마존의 패션 분야는 2020년까지 26.1퍼센트 성장할 것으로 예측되고 있다. 패션업계 전체의 성장 속도보다 10배나 빠르게 성장해갈 것으로 보여 놀라울 뿐이다.

아마존하면 패션 분야의 이미지가 금방 떠오르지 않을지도 모른다. 하지만 취급하는 패션 브랜드가 점점 늘어나고 있다. 유명한

브랜드가 들어오려고 줄을 서고 있다. 캘빈클라인, 케이트스페이드, 라코스테, 리바이스트라우스 등 유명 브랜드가 아마존에 도매가로 상품을 납품하고 있다. 2017년 6월에는 스포츠용품 대기업 나이키가 도매상을 통하지 않고 아마존에서 일부 상품을 직판하겠다고 발표했다. 이제까지 나이키는 브랜드력을 중시했다. 때문에 백화점과 소매 전문점 등에서만 판매하겠다는 방침을 관철하며 직판을 거부해왔다. 하지만 기존의 소매 체인점이 파산하는 경우가 많아지자 아마존에서 공식 판매하기로 결단한 것이다.

아마존에 도매가로 납품하는 유명 브랜드 중에도 나이키와 마찬가지로 브랜드 이미지를 위해 백화점 판매만을 고집했던 경우가 많다. 하지만 이런 기업들도 결국 두 손 들고 아마존에 도매가로 납품을 결정하지 않을 수 없었다.

아마존의 강점이라면 모든 상품을 대담하게 싼 가격으로 팔아 고객을 사로잡는 것이다. 하지만 패션에 관해서는 출품하는 유명 브랜드를 끌어모으기 위해 가격을 지키는 방향으로 새로운 전략을 짰다. 이런 전략을 공약으로 내걸고 나서 아마존은 지금까지 몇 년 동안 입점을 거부했던 브랜드들을 하나둘 끌어들이는 데 성공하고 있다.

게다가 아마존은 이런 브랜드들로부터 상품을 공급받는 것만이 아니다. 2016년 2월에는 아마존의 독자적인 패션 브랜드도 7개나

아마존의 패션 분야 매출액 시산

단위 : 억 달러, 출처 · 코엔앤드컴퍼니

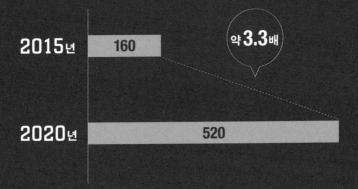

2015년　160

약 **3.3**배

2020년　520

런칭했다. 아마존의 패션부문 매출 규모는 공식적으로 발표되고 있지 않다. 하지만 패션 대기업과 어깨를 나란히 할 정도를 넘어 최대 기업으로까지 성장할 전망이다. 즉, 미국에서 가장 많은 의류를 팔고 있는 기업은 이제 누가 뭐래도 아마존이다.

아마존 패션의 성장 이유는
물류
-

아마존 패션이 성장하는 원동력은 역시 다른 소매 상품과 마찬가지로 풍요로운 상품 구성과 아마존 프라임과 아마존 나우를 통해 당일 배송을 실현하는 물류망이다.

아마존의 상품 구성은 압권이다. 게다가 앞에서 언급한 자포스와 같은 온라인 스토어의 매수, 각 유명 브랜드의 도매가 납품 그리고 독자적인 브랜드의 전개도 이루어내고 있다.

한 조사기관의 보고서에 따르면, 메이시스가 8.5만 SKU인 데 비해 아마존은 34.3만 SKU로 크게 앞서가고 있다. 패션 분야에서 아마존의 상품량이 압도적이라는 것을 잘 알 수 있다(SKU에 대한 설명은 57쪽 참고).

제1장에서도 이야기했지만, 아마존 사이트 화면에는 고객이 쉽게 물건을 살 수 있도록 궁리한 흔적이 녹아 있다. 다양한 업자들이 출품하고 있다는 것을 느끼지 못할 만큼 알아보기가 쉽다. 온라인 판매 사이트의 매출은 화면을 얼마나 알아보기 쉬운지가 좌우한다. 아마존의 화면을 보면 '처음에 뜨는 사진 1장의 배경은 흰색으로, 이미지 전체의 85퍼센트 이상을 상품이 차지한다'와 같은 규정을 정해두고 있다. 각 상품에 붙는 표시에도 통일감을 유지하고 있다. 한 단에 상품을 몇 개까지 넣을지도 정해두고 있다고 한다.

패션도 예외가 아니다. 상품에 붙는 표시도 다른 것들과 마찬가지로 통일감을 유지하고 있다. 그런 만큼 고객은 단순하고 깔끔한 화면에서 풍부한 상품들을 보며 원하는 것을 쉽고 빠르게 찾을 수 있다. 그리고 아마존 자사 제작 상품인지, 타사에서 공급받은 상품인지를 의식하지 않고 구입할 수 있도록 되어 있다.

아마존 패션에서는 아마존답게 인터넷을 활용하려고 궁리하며 애쓴 흔적도 볼 수 있다. 아마존은 2013년에는 뉴욕, 2015년에는 런던, 2017년에는 인도의 델리, 2018년에는 도쿄에 거대한 촬영 스튜디오를 개설했다. 아마존이 판매하는 옷을 맵시 있게 차려입은 모델들의 사진과 동영상을 촬영해 소비자들의 스마트폰으로 보내기 위해서다.

또 한 가지 온라인 판매 사이트의 과제는 '실제로 옷을 입어보는 것'이다. 이를 해결하기 위해 아마존은 프라임 워드롭Prime Wardrop 이라는 무료 시험 착용 서비스를 만들었다.

이 서비스 덕분에 프라임 회원이라면 누구라도 마음에 드는 옷을 주문하고 그 옷이 도착한 뒤 입어볼 수 있다. 그리고 괜찮으면 그대로 두고, 잘 맞지 않거나 필요 없다고 생각되면 반품한다. 물론 배송료는 아마존이 부담한다.

프라임 워드롭은 일본에서는 아직 시작되지 않고 있다. 대신 의류와 구두 등을 30일 안에 무료 반품할 수는 있다. 다만 인터넷에서 반품 수속을 해야 한다. 한편, 미국 본토의 프라임 워드롭은 판매 홈페이지에서 반품 수속 과정 같은 것을 밟을 필요가 없다. 상품 도착 후 7일 안에 필요하지 않은 물건을 이미 받은 상자에 넣어 반품하면 끝이다. 필요한 송장이나 포장용 테이프 등은 상자 안에 미리 넣어져 있다. 물론 마음에 들지 않는다면 시험 착용한 상품을 모두 돌려보내도 문제없다. 단, 구입 점수에 따라 할인 폭이 크게 차이가 나도록 해 소비자의 구매 의욕을 유지시키는 구조를 만들어놓고 있다.

아마존은 조조타운을
맹추격하고 있다

아마존은 미국에서는 패션부문 매출 1위를 차지할 정도로 성장했다. 한편, 일본에서는 이제부터 시작이다. 일본에서 아마존을 막아서는 장애물이 있다면 온라인 쇼핑몰 조조타운을 운영하는 스타트 투데이START TODAY다. 스타트 투데이는 2017년 7월 말에 시가총액이 1조 엔을 넘었다. 도쿄 증시와 자스닥에 상장해 있는 기업 중에서도 시가총액이 1조 엔이 넘는 기업은 전체의 5퍼센트에도 못 미친다. 조조타운의 성장세가 어떠한지를 짐작할 수 있다.

실제로 조조타운은 매출액이 매년 30퍼센트 이상 성장하고 있다. 2017년도 상품 취급액은 2,600억 엔을 넘어섰다. 조조타운의 온라인 쇼핑몰 화면을 둘러보면, 통일감이 있고 브랜드마다 다른 사이즈 표시도 알아보기 쉽게 해놓았다. 그리고 질감을 잘 볼 수 있도록 서로 다른 각도에서 많은 사진을 찍어 올리고 있다. 그렇게 온라인에서 의류를 판매할 때 발생하는 단점을 보완하고 있다. 또한 멋진 조조타운 직원들이 맵시 있게 차려입은 사진들을 올려놓아 구매욕을 자극하고 있다.

현재 조조타운에는 6,000개 이상의 브랜드가 출품해 있다. 패션 제조업체들에는 조조타운에 출품하는 것이 매출 확대를 위해 필수적인 선택지가 되고 있다.

2017년 11월에 조조타운이 조조슈트^{ZOZOSUIT}를 공개했을 때 패션업계가 받은 충격은 컸다. 이 슈트를 착용하고 스마트폰과 접속하면 몸에서 1만 5,000개 부분의 치수를 순식간에 측정할 수 있기 때문이다. 이를 바탕으로 조조타운에서 내 몸에 꼭 맞는 상품을 구입할 수 있기 때문이다.

인터넷에서 옷을 살 때의 장애물은 역시 사이즈다. 그런데 이 문제가 조조슈트로 깨끗이 해결된다. 덕분에 입어보지 않고도 몸에 딱 맞는 바지와 치마를 온라인으로 구입할 수 있다. 앞으로는 발의 치수를 정확히 재기 위한 연구도 하고 있다고 한다. 그렇다면 발등이 높다거나 발볼이 넓은 사람들도 자신에게 꼭 맞는 신발을 직접 신어보지 않고도 온라인으로 살 수 있게 될 것이다. 앞으로 조조타운은 조조슈트 발매에 맞추어 오리지널 브랜드 의류도 발매하면서, 패션업계의 세력 지도를 다시 그릴 가능성이 크다.

한편, 아마존은 일본에서 패션부문 매출액이 연평균 20퍼센트 이상 늘어나는 것으로 추정되고 있다(일본 패션부문 매출액은 비공개). 아마존이 조조타운을 추격할 무기로 삼고 있는 것은 역시 물류다. 구입 시의 저렴한 배송료와 반품 배송료 무료를 내걸고 있다. 구입

시의 배송료는 조조타운이 일괄적으로 200엔을 부과하는 데 비해, 아마존은 구입액이 2,000엔 이상이면 무료다. 반품 배송료는 조조타운의 경우 불량품인 경우를 제외하고는 유료다. 하지만 아마존은 상품 도착 후 30일 이내라면 전부 무료다.

미국이나 유럽 등지에서는 온라인으로 구입한 의류를 입어보고 반품하는 시스템이 이미 뿌리내리고 있다. 따라서 앞으로 일본에서도 온라인으로 구입한 뒤 마음에 들지 않으면 반품하는 데 대한 이질감이 사라질 가능성이 크다. 이에 따라 온라인 의류 쇼핑이 늘어나게 될 것이다. 이때 반품 배송료 무료는 커다란 차별화 요소로 작용할 것이다.

일본에서 패션 온라인 판매 시장은 2013년부터 2020년까지 85.7퍼센트 증가해 2.6조 엔까지 확대될 전망이다. 그리고 같은 시기에 패션시장 전체에 대해 온라인 판매 사이트의 구성 비율은 8퍼센트에서 14퍼센트로 확대될 것으로 보인다. 하지만 이것도 전체 시장의 14퍼센트에 지나지 않는다. 2020년 이후 패션 온라인 쇼핑몰에는 더 큰 시장이 형성될 것으로 보인다.

시장이 더욱 커지면 각 회사들은 경쟁적으로 반품 배송료 무료를 도입하게 될 것이다. 하지만 거대한 현금과 물류망을 가진 아마존과 체력 승부를 벌이게 되면 조조타운도 유니클로도 이길 가능성은 적다.

일본 내 패션 온라인 시장

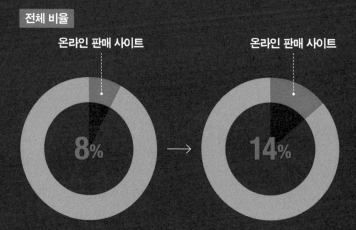

매출액

2013년 ████ 1.4조 엔

85.7% 증가

2020년 ████████ 2.6조 엔

전체 비율

온라인 판매 사이트

8%

→

온라인 판매 사이트

14%

한편, 조조타운은 2017년 10월 1일부터 구매자가 배송료를 자유롭게 설정하는 시스템을 시험적으로 실시했다. 온라인 판매업계로서는 이례적인 시도였는데 한 달 만에 종료하고 말았다. 이 기간 중에 배송료를 '0엔'으로 설정한 사람이 40퍼센트를 넘었기 때문이다. 조조타운의 마에자와 유사쿠前澤友作 사장은 배송료가 무료일 리가 없는데 무료를 당연히 여기는 잘못된 인식을 심어준 것은 온라인 판매 사업자들의 책임이라고 지적했다. 그러곤 배송료를 일률적으로 유료화했다.

한편, 아마존은 길게 내다보고 미리 수를 두는 것도 잊지 않고 있다. 2016년 가을(2017년 S/S 컬렉션) 도쿄 패션위크, 즉 도쿄 컬렉션의 공식 스폰서가 된 것이다. 공식 스폰서는 이 패션위크 이름에 자사의 기업명을 붙일 수 있는 특권을 가지게 된다. 도쿄 패션위크의 정식 명칭은 이제 '아마존 패션위크 도쿄'다. 패션 관계자에게 보내는 초대장에 아마존의 이름이 들어가게 되면 이제 패션업계 전체가 위기감을 느끼게 될 것이다.

패션위크는 파리, 밀라노, 런던, 뉴욕에서도 열린다. 전 세계의 패션 관계자들은 이 최신 패션쇼의 컬렉션을 기준으로 디자인을 하고 있다고 보아도 좋다. 당연히 이 정도로 큰 패션쇼의 공식 스폰서가 되면, 하이브랜드를 포함한 각 패션업체들과의 관계는 더욱 깊어질 것이다.

그러면 각 업체들의 아마존에 대한 의식도 변할 것이고, 아마존이 취급하는 브랜드에도 더욱더 깊이와 품격이 더해질 것이다. 물론 디자이너 등 패션 관련 인재를 끌어들이는 데도 도움이 될 것이다. 아마존은 일본 패션업계의 플랫폼이 되기 위한 발걸음을 한 발한 발 착실히 내딛고 있는 것인지도 모른다.

새로운 대출 형태를 만드는 아마존 렌딩 Amazon lending

—

여러 업종에 맹공격을 가하는 아마존이기 때문에 금융업계도 긴장의 끈을 놓아선 안 된다. 제1장에서 FBA에 대해 언급하면서, 아마존이 마켓플레이스 출점업자에게 얼마나 융숭한 대접을 하고 있는지 알아보았다. 심지어 아마존은 이들에게 자금 대출도 해주고 있다.

일본에서 2014년에 시작한 사업자 대상 대출 서비스 아마존 렌딩이 바로 그것이다. 이 서비스가 금융업계의 기존 대출 형태를 크게 바꾸어놓을 비즈니스 모델이 될까 봐 은행들은 전전긍긍하고 있다.

보통 은행들은 대출을 결정할 때 일반적인 결산서를 근거로 판단한다. 하지만 아마존은 결산서 따위는 보지 않는다. 자사가 가지고 있는 데이터 쪽이 더 정확하기 때문이다. 마켓플레이스를 통해 현재 출품하고 있는 상품과 매일의 매출 등의 방대한 데이터를 모으고 이를 분석한 뒤 대출을 결정한다. 결산서에는 보이지 않아 은행은 결코 알 수 없는 판매 동향을 무기로 삼고 있는 것이다.

결산서는 과거의 상태를 나타내는 수치에 지나지 않는다. 결산서를 아무리 들여다보아도 몇 개월 전 상황밖에는 알 수 없다. 현재 기업 상태는 보이지 않는다.

한편, 아마존이 가지고 있는 데이터는 현시점에서의 상황을 알 수 있다. 아마존은 마켓플레이스를 통해 재고 관리와 발송 등 물류를 대행하고 있어 실시간으로 상품이 얼마나 팔렸는지까지 알 수 있다. 이처럼 외부 사람들은 알기 어려운 출점업자의 상품 흐름까지 파악하고 있다. 결산서로는 알 수 없는 이런 정보를 가지고 있으면 기업의 자금 상황도 파악이 가능하다. 아마존은 이를 바탕으로 대출을 해줄지 말지를 판단하는 기준을 결정한다. 그리고 이에 따른 대출은 전자동으로 진행되고 있다. 이처럼 아마존은 방대한 데이터를 무기로 지금까지 은행들이 꺼려하던 기업에도 대출을 해주고 있다.

아마존 렌딩의 가장 큰 특징은 대출을 신청하기 전에 이미 심사를 끝낸다는 것이다. 아마존에 출품하고 있는 기업 전부를 심사 대상으로 분석한 뒤 대출을 원하든 원하지 않든 각 기업에 맞는 대출 조건에 대한 통지를 해주고 있다. 대출이 가능한 경우에는 입출금 관리 화면에 대출 가능한 상한 금액과 기간, 그리고 금리가 표시된다. 대출 가능한 금액은 10만 엔부터 5,000만 엔까지다. 상환 기간은 3개월에서 6개월, 최대 12개월 중 선택 가능하다.

대출을 신청하면 24시간 이내에 자금을 빌릴 수 있다. 반제액은 출점업자의 계정으로부터 2주마다 자동 인출된다. 그런데 매출액에서도 갚을 수 있고 예정 기간보다 빨리 갚을 경우엔 수수료가 없다.

이런 스피드 대출은 예전에 대형 은행에서도 한동안 시행했었다. 하지만 2018년 기준 미쓰이 스미토모三井住友 은행을 제외하고는 모두 이 사업에서 손을 뗐다. 당시 은행들은 결산서만 보고 간단한 심사를 한 뒤 대출해준다는 홍보 문구를 내세우며 이 사업에 진입했다. 하지만 대출받은 기업의 경영난으로 대출금을 받지 못하는 사태가 이어졌다. 또한 결산서가 허위로 꾸며진 경우 큰 피해를 입기도 했다. 결산서만으로는 기업의 현재 경영 상태를 파악할 수 없어 곤란한 경우도 많았다. 이런 사태를 통해서도 알 수 있듯이 '대출이 제대로 이루어지려면 시간이 필요하다'는 것이 금융업계의 상식이다.

하지만 출품 기업의 판매 현황과 재고 정보를 파악하고 있는 아마존이라면 대출 시점에 기업 경영 상태를 정확하게 파악하는 것은 식은 죽 먹기다. 특히 아마존에서는 대출을 신청할 때 이미 심사가 끝나 있다. 대출을 받고 싶어 하는 기업은 온라인에서 금액과 반제 기간을 선택하는 것만으로 다음 날이면 통장에 대출금이 들어와 있는 것을 확인할 수 있다. 보통 금융기관에서 대출을 신청하면 한 달 이상 지나야 대출금을 받을 수 있다. 그것을 생각하면 아마존의 속도는 상식을 초월한다. 이런 속도감 있는 아마존의 대출은 소규모 사업자가 비즈니스 기회를 잃어버리지 않도록 크게 도와주는 시스템이다.

예를 들어, 취급 상품이 갑자기 SNS에서 인기를 끌며 생각지도 않은 화젯거리가 되어 주문이 몰리는 경우가 있다. 업체로서는 예상외의 사태인 만큼 재고를 충분히 확보하고 있지 못한 경우가 대부분이다. 보통 이때 대출을 신청하면 심사에 시간이 걸린다. 때문에 충분한 재고를 확보하기 위한 자금을 구하지 못해 판매 기회를 잃게 되는 경우가 많다. 하지만 아마존 렌딩을 이용하면 빠르게 자금을 구할 수 있어 재고를 확보할 타이밍도 놓치지 않게 될 것이다.

아마존 렌딩은 현재 미국, 영국, 일본에서 전개 중인 사업이다. 2011년에 시작되어 2017년 6월 시점에서 대부 총액은 약 30억 달러에 이르고 있다. 이 중에서 3분의 1에 해당하는 10억 달러는 과거 1년 동안의 대부액이라고 한다. FBA의 확대와 동반해 금융 사업에서도 고객 창구가 넓어지고 있음을 알 수 있다.

금리는 연이율 6~17퍼센트로 은행 대출 이자보다 높다. 소비자 금융과 함께 고금리를 취하고 있다고 비난받는 은행의 카드론조차도 3~14퍼센트 정도다. 하지만 소규모업자 중에는 아마존 렌딩으로만 자금을 빌리는 경우도 많다. 게다가 아마존 렌딩을 이용하면 귀찮은 서류 수속을 하지 않아도 되는 만큼 상품 기획과 매입에만 전념할 수 있기 때문이다.

이와 같은 금융 사업은 아마존 입장에서 보자면 '손해 볼 것 없는 비즈니스 모델'이다. 자금 융통 상황을 자세히 파악한 뒤 대출해줄 수 있기 때문이다. 만에 하나 출점 기업의 매출이 급격하게 떨어진다거나 하면 아마존은 출점업자가 대출금을 갚을 때까지 창고에 보관하고 있는 재고를 압류할 수 있기 때문이다.

아마존의 고객 정보 축적은 FBA 이외에도 앞으로 점점 증가할 것이다. 금전등록기가 없는 무인 편의점 아마존 고가 보급되면 편의점의 매장을 통해 고객의 결제 정보도 손에 넣을 수 있다. 이제 아마존은 기업만이 아니라 개인을 대상으로 한 대출 비즈니스도 넘보고 있을지 모른다.

아마존은
은행을 세울지도 모른다

아마존이 이렇게까지 금융 비즈니스의 폭을 넓히게 된다면 앞으로는 은행을 세울지도 모른다. 이것은 어느 정도 근거가 있는 예측이다.

미국의 금융업계에선 2018년에도 아마존이 중견 은행을 매수해 금융 사업을 확대하려 한다는 소문이 돌았었다. 미국에서는 오랫동안 대기업이 은행업에 진출하는 것을 규제해왔다. 이는 1920년대에 은행이 고객의 예금으로 도박에 가까운 투자를 해 많은 예금 손실을 일으킨 적이 있기 때문이다. 하지만 최근에는 금융규제 당국이 '규제를 새롭게 수정해야 한다'는 견해를 밝혔다. 때문에 '아마존 은행' 탄생이 현실이 될지 모른다는 추측이 강해지고 있다.

단, 은행은 국가마다 규제가 다르다. 때문에 아마존의 특기인 규모의 이익을 충분히 살리기에는 어려운 점이 많다. 라쿠텐처럼 그 나라의 토착 기업이 사업을 확대하기에는 훨씬 유리할 것이다. 하지만 아마존의 행보는 이미 은행업으로 폭을 넓히는 것을 충분히 고려하고 있다는 것을 드러내고 있다.

신용카드 사업 진입은 금융의 기본

-

아마존이 금융업에 힘을 쏟고 진입할 것이라는 추측은 아마존의 비즈니스 모델 때문에 더욱 그럴듯하다. 온라인에서 결제할 때는 은행 구좌로부터 대금이 즉시 인출되는 직불카드와 신용카드가 필요하다. 거꾸로 말하면 은행 구좌가 없으면 아마존의 서비스를 이용하기 어렵다.

일본에서는 대부분의 사람들이 은행 구좌를 가지고 있다. 하지만 미국 같은 경우만 해도 은행 계좌를 개설할 수 없는 신용불량자가 젊은 층을 중심으로 전체 인구의 10퍼센트에 가깝다. 아마존이 은행 사업에 진입하려고 하는 이유 중 하나는 자사의 판단으로 이런 사람들에게도 구좌를 가질 수 있도록 해서 고객의 폭을 넓히려는 것이다.

현재 아마존은 금융기관과 제휴해서 신용카드를 발행하고 있다. 아마존에서 쇼핑할 때 이 카드를 사용하면 포인트 우대 등으로 이득을 얻은 느낌을 주는 전략을 써서 고객을 끌어모으려 하고 있다. 같은 물건이라면 이 카드로 아마존에서 사야겠다는 동기를 부여하기에도 좋다.

신용카드는 개인을 대상으로 하는 금융 사업이라 생각하면 된다. 신용카드가 수익을 올리는 것은 리볼빙과 카드론 등에서다. 신용카드의 이용객 중 1퍼센트가 10만 엔의 카드론을 이용하면 그들이 지불하는 이자는 엄청난 규모에 이른다.

예를 들어, 아마존은 2018년 2월부터 미국에서 대기업 은행 모건 스탠리 체이스가 발행하는 프라임 비자카드를 이용해 신선식품을 다루는 홀푸드에서 쇼핑하면 구입액의 5퍼센트를 캐시백으로 돌려주는 프로그램을 시작했다. 아마존은 일본에서도 이와 비슷한 제휴 신용카드를 발행하고 있다. 이 카드를 사용하면 어느 정도 이익을 볼 수 있는지 살펴보자.

아마존의 신용카드는 두 종류다. '아마존마스터카드 골드(이하 '골드')'와 '아마존마스터카드 클래식(이하 '클래식')'이다. 골드는 아마존에서 쇼핑할 때마다 쌓이는 포인트 환원율이 2.5퍼센트다. 라쿠텐 카드는 1~5퍼센트이기 때문에 환원율로 비교하면 아마존이 뒤떨어져 보인다. 게다가 골드 회원에 가입하기 위해서는 연회비 1만 800엔(세금 포함)을 내야만 한다. 단, 골드 회원은 프라임 서비스의 연회비가 자동적으로 무료이기 때문에 그만큼 할인받는다는 계산이 나온다. 아마존은 두 가지 모두를 끌어안으려는 정책을 생각하고 있는 듯하다.

이때 특정 금액을 넘으면 리볼빙이 되도록 한다거나 매달 받는 종이 명세서를 온라인 명세서로 바꾸면 실질적인 연회비는 420엔까지 내려간다. 리볼빙 서비스는 3만 엔을 넘으면 리볼빙이 되도록 설정해두고 있다. 단, 지불 상한을 카드의 한도액(최초는 20만 엔)으로 해두면, 이자를 지불하지 않아도 된다.

한편, 클래식은 연회비가 무료이고, 포인트 환원율은 최대 2퍼센트다. 이 카드도 아마존에서 프라임 서비스와 세트로 취급하고 있다. 환원율 2퍼센트를 얻기 위해서는 프라임 회원에 가입하는 것이 필수다.

골드와 클래식 중 어느 쪽이 더 유리한지는 아마존을 이용하는 빈도에 따라 달라진다. 환원율 0.5퍼센트 차이와 골드의 420엔이란 연회비를 생각하면, 1년에 8만 4,000엔 이상 이용할 경우 골드가 이득이다. 매달 7,000엔 정도를 아마존에서 쓰는 경우라면, 혹은 아마존에서 거의 모든 쇼핑을 하는 단골 고객이라면 망설임 없이 골드를 선택해야 할 것이다. 골드로 매달 1만 엔씩 아마존에서 쇼핑하면 연간 3,000포인트를 쌓을 수 있다. 3,000엔을 할인받는 것이나 마찬가지다.

조금 더 쉽게 단적으로 말해보자. 골드를 사용하면 아마존에서 취급하는 상품을 전부 무료 배송으로 2.5퍼센트 할인받아서 살 수 있는 셈이다. 특히 신간은 서점에서는 보통 할인해주지 않는다. 하지만 골드로 결제하면 사실상 2.5퍼센트 할인받는 것이나 마찬가지다.

이렇게 개인 금융 쪽으로도 폭을 넓히고 있는 아마존이다. 하지만 은행과 마찬가지로 이 부문에서도 개인 금융에 주력하고 있는 라쿠텐을 이기지 못할 가능성도 있다. 나라마다 관련된 제도, 금리, 리스크 등에 차이가 있어 개인 금융은 국내 사업이란 말도 있다. 이런 분야에선 지금까지 아마존이 전 세계를 대상으로 펼쳐온, IT를 핵심으로 하는 규모의 이익을 살리기가 어렵다. 거꾸로 일본 기업들은 바로 이런 곳에서 기회를 찾아야 할지도 모른다. 단, 아마존은 분명히 이 분야로 사업의 폭을 넓히려 하고 있다. 한번 마음먹은 것은 어떻게든 이루려는 것이 아마존의 무서운 점이란 사실을 기억해야 한다.

기업 대상 상품은
성장 시장

―

아마존은 기업 대상 상품에도 손을 대고 있다. 기업 대상 상품은 이것을 판매하는 회사에는 효자 상품이다. 먼저 일반 소비자를 대상으로 하는 상품에 비해 구입하는 물품 수가 많다. 상품도 대부분 전문적인 것이라 공급이 넘쳐 판매 가격이 폭락할 염려도 거의 없다. 이처럼 안정된 수익을 내기 쉬운 상품에 아마존이 눈독을 들이는 것은 당연하다.

미국의 기업 대상 소매 시장은 7조 달러를 넘었다고 한다. 일반 소비자 대상의 소매업 시장 규모는 4조 달러다. 기업 대상 시장이 훨씬 크다는 것을 알 수 있다.

아마존은 2015년에 기업 대상 상품을 취급하는 서비스 아마존 비즈니스Amazon Business를 개시했다. 이 사이트에서는 사무실에서 사용되는 오피스 용품부터 연구소용 실험기구와 병원복까지 판매하고 있다. 그 외에 다양한 기업 대상 자재들도 갖춰져 있다.

이 사이트에서 법인 등록을 하면 개인에게는 판매되지 않는 전문용품을 구입할 수 있다. 또한 기업 대상 특별 가격으로 싸게 살

수 있다. 상품에 따라서는 구입 양에 따라 차등적으로 할인도 받을
수 있다.

연회비는 없고 기업의 규모와 구입액에 상관없이 사용할 수 있
다. 직원용으로 여러 개의 아이디를 등록할 수도 있다. 49달러 이
상 구입하면 배송료가 무료고, 다음 날 받아볼 수 있다. 이것은 월
마트가 50달러 이상 구입했을 경우 배송료가 무료인 것을 의식해
결정한 정책일 것이다.

조금 시험해보고
다른 서비스의 발판으로 삼는다

아마존 비즈니스의 사업 규모가 명백하게 공개되고 있지는 않다.
하지만 시장 관계자는 2016년에는 52억 달러 정도 매출을 올렸을
것으로 보고 있다. 사실 이 정도 금액은 미국 문구 대기업 전문 업
체인 스테이플스Staples의 매출액 4분의 1 정도에 지나지 않는다.
하지만 스테이플스의 요 몇 년간 매출액은 보합세를 유지하다가
조금 줄어들고 있다.

스테이플스는 사무용품 업체 2위인 오피스디포Office Depot와 2015

년 2월에 합병하기로 합의했다. 그러나 2016년 5월에 취소하고 말았다. 미국의 독점 금지를 관리하는 정부 부처인 미 연방거래위원회 FTC가 공정한 경쟁을 방해한다고 제소했기 때문이다. 그래서 연방지방법원이 임시 금지 명령을 내렸다. 때문에 울며 겨자 먹기로 포기한 것이다. 사실은 이것이 처음이 아니라 스테이플스는 1997년에도 오피스디포와의 합병을 FTC에 저지당한 적이 있다. 하지만 이후에도 포기하지 않고 합병을 시도했으나 실패로 돌아갔다.

이런 움직임의 배후에는 아마존이란 존재가 있었다. 스테이플스는 FTC에 제소당한 뒤, 재판소에 내는 승인 요청 신청서에 아마존의 사무용품 사업 진출을 이유로 들었다. 사무용품 시장에선 대기업인 스테이플스였지만, 아마존의 커져가는 발소리에 겁을 내고 있었던 것이다.

하지만 미국의 기업 대상 소매시장에는 재미있는 특징이 있다. 스테이플스와 같은 대기업은 성장세가 주춤한 반면, 지역 밀착형 소매업자들은 끈질기게 살아남는다는 점이다. 〈포브스〉지에 따르면 매출액 5,000만 달러 이하인 중견 소매 기업은 3만 5,000개 정도라고 한다.

사실 아마존은 아마존 비즈니스를 시작하기 전 2012년에 기업과 연구기관을 대상으로 자재, 공구, 기기 등을 판매하는 온라인 쇼핑몰 사이트인 아마존 서플라이Amazon Supply를 시험적으로 운영한 바 있다. 아마존 비즈니스와 다른 점은 기업에 판매하는 것이 아니라 중간 소매업자에게 판매하는 도매전용 사이트였다는 것이다. 시험적이라고는 해도 2014년에는 17개 분야 220종목의 상품을 제공할 정도로 활발히 거래가 이루어지는 사업이었다.

아마존 서플라이에서는 지역 밀착형 소매업자들을 대상으로 사무용품과 산업 제품을 도매로 판매했다. 하지만 그 후 시작한 아마존 비즈니스에서는 기업을 고객으로 삼아 직판하는 비즈니스 모델로 전환했다. 즉, 아마존 비즈니스는 소매 사업자를 제외한 사업 모델이다. 이에 대해 아마존은 B2B 사업을 강화한 것뿐이라고 설명하고 있다. 하지만 아마존 서플라이는 도매 비즈니스를 통해 기업 간 거래 노하우를 얻기 위한 사전 작업이었을 것으로 보인다. 먼저 도매를 통해 체제를 정비한 뒤 직판 사업으로 방향을 전환한 것은 아니었을까?

지금까지 보아온 아마존의 비즈니스 모델을 생각하면 이런 견해가 꼭 정답은 아닐 것이다. 하지만 실제로 아마존 서플라이는 2015년 6월에 정리되었다.

아마존은 일본에서도 B2B 비즈니스에 본격적으로 뛰어들기 시작했다. 2015년에 '산업 연구개발 용품 스토어'라는 온라인 쇼핑몰 사이트를 개설했고, 2017년 9월에는 일본판 아마존 비즈니스를 시작했다. 이 사이트에는 문구와 전동 공구 등 2억 종류 이상의 상품이 갖추어져 있다.

산업 연구개발 용품 스토어는 산업 용품 및 제품을 찾아보기 쉽게 모아놓은 사이트다. 그에 비해 아마존 비즈니스는 기업의 구매 담당자가 상품을 사기 쉽도록 구성해놓았다. 그리고 이 사이트에도 마켓플레이스가 있어 이곳에 외부 사업자도 출점하고 있다. 따라서 비슷한 상품의 가격과 성능을 비교 검토해볼 수 있다. 또한 견적서도 다운로드받을 수 있다. 월말에 총합계를 낸 청구서도 준비해준다. 기업의 구매 담당자가 보기엔 이것도 큰 장점이다.

기업 구매 담당의 큰 과제는 누가 무엇을 샀는지를 공유하는 것이다. 이를 위해 아마존 비즈니스는 기업의 발주 담당자가 주문한 것을 다른 사람이 확인할 수 있는 기능을 제공하고 있다.

일본의 산업 용품 인터넷 판매에서는 모노타로MonotaRO가 급성장 중이다. 2017년 12월기 결산에서 매출액은 883억 엔으로, 2013년 12월기에 비해 2.6배 늘어났다. 그렇다고는 해도 산업 용품 시장에서 시장점유율로 보자면 1퍼센트를 조금 넘는 수준에 그친다. 일본에서는 아직도 이 부문의 온라인 판매 사이트가 성장할 여지가 있다. 기업 간 거래는 시장 규모가 아직 작고, 시장을 주도하는 큰 기업이 나타나지 않고 있다. 이런 와중에 아스쿠루ASKUL도 문구뿐만 아니라 최근에는 공구와 전자부품 등으로 취급 상품을 넓히며 공세를 강화하고 있다. 하지만 미국에서의 움직임을 보면 이곳에서도 아마존이 압도적인 존재감을 발휘하게 될 가능성이 크다.

세계가 고민하는
아마존의 과세 문제

아마존은 지금까지 전 세계적으로 수많은 소매업계를 집어삼켜왔다. 이런 아마존에 대해 늘 끊이지 않는 비판이 있다. 아마존은 세금을 내지 않는다는 비판이다. 그렇다고 아마존이 대놓고 탈세를 하는 것은 아니다. 어디서나 법에는 빠져나갈 구멍이 있고, 아마존은 미꾸라지처럼 그 구멍을 지나가고 있을 뿐이다.

각국 경제정책을 조정하는 기관은 경제협력개발기구인 OECD다. OECD의 조세조약을 보면 주민과 기업의 '항구적 시설'에 대해 과세하는 구조로 되어 있다. 예를 들어, 일본에서 법인세를 징수하려면 과세 대상의 활동 거점이 '일본에 있어야' 된다.

아마존에는 일본 법인이 있기 때문에 당연히 과세 대상이라고 생각할 것이다. 하지만 이에 대해 펼치는 아마존의 논리는 이렇다. 일본에서 상품을 팔아도 결제센터는 아일랜드에 있다. 때문에 일본 법인은 어디까지나 보조 업무를 하는 곳이다. 판매도 인터넷상의 실체가 없는 곳에서 이루어지고 창고는 그냥 창고이기 때문에 굳이 일본에 법인세를 낼 필요는 없다는 것이다.

이에 대해 OECD도 손을 놓고 있지만은 않다. 아마존한테도 법인세를 부과하려고 세제 개편을 추진 중이다. '창고는 항구적 활동 거점이 아니다'라는 것이 아마존의 절세 논리다. 하지만 OECD는 창고도 항구적 시설로 보고 과세하려 하고 있다. 일본에서도 곧 이것을 적용할 방침이다. 그렇기는 해도 인터넷상에서 판매가 완료되는 음악과 영화는 빠지기 때문에 여전히 아마존에는 빠져나갈 구멍이 있는 게 현실이다.

이제 아마존에 대한 과세는 국제적 문제가 되고 있다. 주요 20개 국가와 지역 G20에서는 온라인 판매업자에 대한 과세를 엄격히 하려는 방침을 추진 중이다. G20이란 세계적으로 중요한 경제 및 금융 문제를 협력하기 위한 국제회의다. 그 국제회의가 세금을 내지 않고 빠져나가는 구멍이 없도록 나라마다 매출액에 세금을 부과하는 방안을 추진 중인 것이다.

이것의 명목상 이유는 '온라인 판매업자에 대한 과세 강화'다. 하지만 더 큰 원인은 날로 거대해지는 아마존이다. 일본에서도 일부 미디어는 '아마존 과세'라고 보도하고 있다. 아마존이 전 세계의 경제구조를 다시 짜고 있다는 것을 새삼 인식하지 않을 수 없다.

amazon
———

제
8
장
———

아마존을
뿌리서부터 지지하는 것은 기술

아마존 고가 진정 뛰어난 이유는
기술 때문

-

아마존의 발전을 지지하는 것은 기술이다. 이미 소개한 AWS와 IoT 가전 등의 사례를 보면 알 수 있듯이 아마존과 IT는 떼려야 뗄 수 없는 관계다. 홀푸드의 매수는 아마존이 실제 매장을 가지고 사업을 전개하도록 도와주는 발판이 되었다. 아마존은 홀푸드 매수를 계기로 자사에서 실제 매장을 운영하기 위한 준비를 해나가고 있다. 아마존이 운영하려는 것은 일반적인 매장이 아니다. 최첨단 기술을 듬뿍 적용한 아마존 고다.

아마존 고는 아마존의 새로운 플랫폼이 되는 데 머물지 않는다. 이제부터 소매업계의 판을 새로 짤 가능성을 감추고 있다. 먼저 아마존 고가 무엇인지부터 좀 더 자세히 살펴보자.

2016년 초가을, 아마존은 편의점 사업에 진출하겠다고 발표했다. 그것이 바로 아마존 고다. 이미 본사가 있는 시애틀에서 직원들끼리 시험 매장을 1년 넘게 운영해오고 있던 터였다. 그것을 2018년 1월부터는 일반인을 대상으로 한 매장으로 바꾸었다.

단, 편의점이라 해도 아마존 고는 우리가 상상하는 그런 편의점이 아니다. 그곳에는 금전등록기가 없다. 어떻게 돈을 지불하는지, 절도가 기승을 부리는 것은 아닌지 의문이 들기도 한다. 하지만 아마존의 발표에 따르면, 다음의 그림과 같다.

아주 상세히는 밝히고 있지 않다. 하지만 매장 내 센서와 카메라를 사용해 고객이 장바구니에 담거나 선반에 되돌려놓거나 하는 상품 수를 인공지능이 인식하고 인터넷을 통해 앱과 연동시킨다. 그 후 고객이 매장 문을 빠져나가면 아마존 계정에서 이용 금액만큼 자동으로 인출되는 시스템이다. 그사이에 고객이 할 일은 매장에 들어가 원하는 상품을 장바구니에 담은 뒤 매장 문을 나서는 것뿐이다.

아마존은 마이크도 다수 설치하고, 여기에 음성인식 기술을 적용해 매장 방문 고객의 작은 움직임까지도 데이터로 축적하려고 준비 중이다. 아마도 이런 데이터는 매장의 진열 상태 개선 등에 적용될 전망이다.

카메라 등의 센서는 입점자를 특별히 지정해 인식할 때도 이용될 것이다. 입점용 바코드와 얼굴인식을 더블 체크하면, 상품 절도 같은 사건은 철저하게 막을 수 있을 것이다. 이런 아마존 고에 대한 계획이 발표되자, 편의점업계는 큰 충격에 휩싸였다.

일본 편의점업계를 가장 괴롭히는 것은 일손 부족이다. 일본에선 산업경제부와 편의점 대기업 5개 회사가 2025년까지 편의점에서 취급하는 전 상품에 RFID라는 전자 칩을 부착하기로 합의했다. 전자 칩만 있으면 소비자 스스로 계산을 마치는 셀프 정산 시스템

Amazon GO

①
매장에 들어가기 전에
'아마존 고' 앱을 깐다.

②
입구의 판독기에 자신의
앱에 있는 바코드를 비추고
매장으로 들어간다.

③
추가
선반에서 원하는 물건을
집어 들면, 앱의 장바구니에
그 상품이 자동으로 추가된다.

④
제거
집었던 상품을 선반에
되돌려놓으면 앱의
장바구니에서 그 상품이
제거된다.

⑤
매장에 들어갈 때 지나갔던
문으로 나온다.

을 본격적으로 도입할 수 있기 때문이다.

RFID 칩의 가격은 이 계획이 실현되는 2025년에는 1엔이 될 것으로 예상된다. 하지만 일본 프랜차이즈협회의 조사에 따르면, 2017년 12월 편의점 방문 고객 수는 총 14억 명 정도다. 연간 방문객 수로 계산해 보면, 총 170억 명 정도가 된다.

방문객 한 명이 평균 2개의 물건을 샀다고 치면, 판매 상품 수는 340억 개가 된다. 이 상품들 하나하나에 전자 칩을 부착하게 되면 그 비용도 상당하다. 편의점업계 전체적으로 500억 엔 이상 추가 비용이 발생할 것으로 보고 있다. 그러나 아마존 고는 그런 칩 부착 비용이 필요하지 않다. 카메라 등을 설치하는 비용은 필요하지만, 현재 카메라 값은 극적일 만큼 내려가고 있다. 모든 스마트폰에 카메라가 탑재되면서 세계적으로 가격이 많이 내려갔다. 카메라 칩 세트의 가격을 보면, 8메가 픽셀에 수백 엔 정도다.

아마존이라면 자사가 제작한 저가의 전용 카메라를 설치할 수 있을 것이다. 장기적으로는 한 매장당 설비비용이 5,000달러에도 못 미치게 될 것이다. 이처럼 장기적으로는 설비비용이 내려갈 전망이긴 하다. 하지만 아마존 고는 초기 단계에서 투자비용이 상당히 드는 편이다.

아마존은 4년 정도 전부터 아마존 고 사업을 염두에 두고 센서 관련 특허를 취득하고 있다. 그리고 인터넷상에서 관련된 사항을 열람할 수 있다. 센서만으로 모든 것을 처리하게 되면, 다수의 센서가 필요하고 초기 투자비가 늘어난다. 이렇게 비용이 들어가기 때문에 비즈니스로서 이익을 남길 수 있을지에 대해 우려를 표하는 전문가들도 있다.

미국 금융 대기업 씨티그룹^{Citi}은 아마존이 앞으로 10년 동안 아마존 고를 포함한 식료품점을 270개 개설했을 경우 그 경비는 약 35억 달러가 필요할 것으로 보고 있다. 한편, 매출액은 47억 달러 정도에 달할 것으로 추측된다. 영업이익률이 5퍼센트 이상 될 것으로 보고 있는 것이다.

영업이익률이란 판매만으로 얼마나 벌어들였는지를 나타낸 지표다. 일본 최대 대기업 편의점인 세븐일레븐^{セブン-イレブン}을 산하에 두고 있는 세븐 앤 아이 홀딩스의 영업이익률은 6.5퍼센트다. 현시점에서는 아마존이 세븐 앤 아이 홀딩스에 뒤지지만, 이 계산에서 생각해보아야 할 것은 절도다.

아마존 고의 진정한 강점은 절도가 제로에 가까워진다는 점이다. 보통 편의점의 절도 소모율은 1.5퍼센트 정도라고 한다. 하지만 아마존은 프라임 회원이 카드로 결제하고, AI가 매장 내 고객의 행동을 전부 파악하고 있어 절도는 제로에 가까워질 가능성이 크다. 결과적으로 단순합산하면 아마존 고의 이익률은 6.5퍼센트 이상이 되어, 업계 수준과 동등하거나 그 이상이 될 것이다. 고객의 입장에서 보자면 단팥빵 한 개를 훔쳤다고 해서 평생 아마존과 관련된 곳에서는 물건을 살 수 없는 불이익을 당한다면 너무나 수지가 맞지 않는다고 생각할 것이다.

게다가 이런 단순한 영업이익률 계산에는 아마존의 잠재적인 이점이 포함되어 있지 않다. 아마존 고에서는 보통의 편의점에서 살 수 있는 상품뿐만 아니라 온라인에서 인기를 끄는 상품도 팔게 될 것이다. 그리고 실제 매장이 늘어나면 아마존 매장에서 프라임 회원에게만 특전도 주게 될 것이다. 이렇게 되면 네트워크 효과에 의해 실제 매장 증가에 비례하듯 회원이 증가하는 것도 자연스러운 일이다.

결과적으로 아마존 고는 매출액도 이익도 상상을 훌쩍 넘어 성장할 가능성이 크다. 아마도 편의점업계에서 충분히 경쟁력이 있는 기업이 될 것이다. 특히 점원을 줄이는 대신 작은 아마존 고 매장을 더 많이 늘려, 온라인에서 인기 있는 상품을 이곳에서 최저가격으로 판매할 수 있다. 이것이 실현되었을 때 아마존 고가 기존 편의점에 어떤 손해를 입히게 될지는 예측하기 어렵다.

기술을 팔기 위한
아마존 고

—

사실 아마존 고의 훌륭함은 매장 자체의 높은 매출에 있지 않다. 아마 아마존 스스로도 아마존 고의 매출을 크게 기대하지 않을 가능성이 높다. 아마존 고의 진정한 의미는 그것이 가지고 있는 기술이다.

아마존 고는 조금 큰 키오스크(일본 기차역 구내매점의 상호명 – 옮긴이)와 별반 다르지 않다. 단, 금전등록기가 없으니 사람 손이 필요하지 않다. 설령 절도로 상품 손실이 있다 해도 절도범의 계좌에서 돈이 빠져나가 매출로 잡힐지도 모른다. 물론 이 정도 장점으로도 훌륭하다.

하지만 더욱 훌륭한 것은 아마존 고만의 기술이다. 카메라와 센서를 설치해서 지불까지 전자동으로 마치는 기술 자체에 높은 가치가 있는 것이다. 사실 아마존 고의 출현이 무엇을 의미하는지를 알아보는 관점이야말로 중요하다. 아마존이 이런 시스템을 만들어냈다는 것 자체가 플랫폼 기업으로서의 핵심적인 역할이기 때문이다. 이런 시스템은 다른 매장에서도 사용할 수 있다. 슈퍼마켓은 물론이고, 예를 들어 서점이나 다른 업종의 소매점에서도 사용할 수 있다. 이미 만들어놓은 시스템을 파는 것은 플랫폼 기업엔 필수

조건이다. 막대한 현금을 가진 아마존에게 있어 신규 사업에서 매출이 어느 정도 규모가 될지 같은 것은 사소한 일이다. 그런 것보다도 시스템 그 자체가 업계에 변혁을 일으킬 모델인지 아닌지가 더 중요하다. 우리는 기술 사회에서 살고 있기 때문이다. 아마존은 아마존 고의 시스템을 슈퍼마켓과 같은 곳에 로열티를 받고 판매하는 것을 목표로 삼고 있을 것이다. 사실 기술의 라이센스 판매야말로 아마존이 아마존 고를 시작한 진정한 목표라 해도 지나친 말이 아닐 것이다.

아마존은 AWS와 마켓플레이스를 수입원으로 하고 있다고 이미 앞에서 언급했다. 하지만 아마존 고가 완성되면 모든 소매부문에 무인화 시스템이 도입될 계기가 될지도 모른다. 게다가 매장 내 카메라와 센서를 빌려주는 클라우드 서비스도 등장할 수 있다.

아마존 고 시스템을 사용하면 매장 내에는 카메라와 센서가 설치되고, 고객의 스마트폰은 금전등록기를 대신하게 된다. 그리고 매장을 방문한 고객이 어떻게 움직이고 무엇을 사는지와 관련된 데이터는 즉시 서버로 보내진다. AWS의 기능을 사용해 이런 정보를 분석하면 상품 구성과 진열을 새롭게 하는 데 많은 도움이 될 것이다. 매장 방문 고객이 많아지면 많아질수록, 관련 데이터는 더 많이 축적되어 보다 고객의 니즈에 맞는 매장이 만들어질 것이다.

가까운 미래에 소매점에서 사람이 관여하는 것은 상품 진열이나 교환 작업 정도일 것이다. 앞에서 언급한 키바 시스템처럼 아마존은 창고 작업에 로봇을 도입하는 것도 강화하고 있다. 이런 기술이 창고 밖으로 확대되면, 먼 미래에는 매장 내 진열까지도 로봇이 담당하게 될 것이다. 꿈같은 이야기이지만, 아마존은 그것을 실현할 가능성을 높이고 있다.

아마존 고는 물류에
공유경제를 낳는다

-

아마존 고는 물리적인 면에서도 새로운 구조를 만들 가능성이 있다. 예를 들어, 우버가 나타내는 것은 새로운 물류의 가능성이다. 우버이츠 UberEATS는 일반 시민이 한가한 시간에 레스토랑의 요리를 배달한다. 특히 미국 등 인력이 남아도는 지역에서는 획기적인 일이다.

아마존 고도 이런 우버 같은 시스템을 사용해 배송 문제를 해결할 생각을 하고 있다. 예를 들어, 아마존 프라임 회원 A가 홍차를 주문했다고 치자. 마침 A의 집 근처에 사는 B가 아마존 고 매장에서 장을 보는 중이었다. 이때 B는 쇼핑을 마치고 집으로 돌아가는 길에 A에게 홍차를 가져다줄 수 있다. 물론 B는 아마존으로부터 배달 보수를 자동적으로 받게 된다.

고령화가 급속히 진행되고 있는 일본에서는 자택으로 상품을 보내주길 바라는 고객이 점점 늘 것이다. 틀림없이 이 부분에는 큰 사업 기회가 있다. 머지않은 미래에는 5분 전에 아마존에 주문한 도시락이나 된장국을 이웃집 고등학생이 가져다줄지도 모른다. 그리고 그 고등학생에겐 배송료가 입금되어 조금 전 아마존 고에서 산 캔커피 요금을 자신의 계좌로 다시 돌려받는 것과 같은 효과를 누릴 수도 있다. 이처럼 이웃집 주부나 가족 등 가까운 사람이 배송해주는 시대가 올 것이다.

이런 이야기가 비현실적이라고 생각하는 사람도 있을지 모르겠다. 하지만 아마존에서는 이미 2015년 9월부터 새로운 배송 시스템인 아마존 플렉스를 실시하고 있다. 이것은 배송 전문 업자가 아닌 일반 개인이 수화물을 배달하는 신개념 배송 체제다. 아마존은 이 시스템을 이용해 주문에서부터 배송까지의 시간을 30분 이내로 단축하려 하고 있다.

이런 새로운 배송 시스템 속에서 일하고 싶은 사람은 아마존과 계약한 뒤 전용 앱을 깔고, 한가한 시간에 시급 20달러 전후의 보수를 받고 배송을 하게 된다. 일하는 과정을 간단히 살펴보면 이렇다. 자신의 시간이 허락할 때 앱을 통해 일하고 싶다고 신청한 뒤 지정된 매장으로 가서 수화물을 받는다. 그리고 자신의 차로 가든 걸어서 가든 약속한 시간 안에 고객의 집까지 배달하면 된다. 이런 일을 위한 계약은 간단한 확인 절차를 거친 뒤 진행할 수 있다. 자신의 목적지로 '가는 길에 배달'한다는 가벼운 분위기로 시작할 수 있다. 용돈벌이 정도로 생각하면 될 것이다. 이용자가 자신의 목적지로 가는 길에 수화물을 배달하고 보수를 받는 이런 시스템은 실제로 'ON MY WAY'라 불리고 있다. '어딘가로 가는 길에'란 뜻이다.

한편, 시간이 비는 일반인을 배송원으로 사용하면 물류업자에게 맡기거나 스스로 배송망을 정비할 때보다 비용을 줄일 수 있다. 이제 아마존 고 매장이 널리 퍼지면 자동차와 도보로 개인이 가볍게 배송을 대행하는 날이 곧 찾아올지도 모른다. 이런 시스템은 택배 요금 인상으로 흔들리는 물류업계에 비장의 카드가 될 가능성도 있다. 물론 한편으로는 물류의 최대 라이벌이 될 수도 있다. 일본 아마존은 대기업 물류업자 이외에 지역 밀착형 물류업자를 통해 자사의 물류망 구축에 뛰어들 방침이다. 그런데 이처럼 일반인들을 활용하는 것도 염두에 두고 있다.

아마존 에코의 진정한 의미는
가전업계를 바꾸고 시장을 지배하는 것

—

미국에서 알렉사^Alexa가 크게 성공하고 있다. "알렉사, 늘 먹는 맥주가 마시고 싶어"라고 말을 걸기만 해도 아마존에서 맥주가 배송되어 온다. 이런 마법 같은 일을 해내는 상품이 있다. 미국에서 폭발적으로 팔리고 있는 대화형 스피커 아마존 에코다. 이것은 스마트 스피커, 인공지능 스피커 즉, AI 스피커라고도 불린다.

이런 에코에 탑재되어 있는 인공지능 조수(음성 조작 서비스)가 바로 아마존 알렉사다. 알렉사는 아주 편리하다. 고객은 '원하는 상품을 아마존에 주문할 수 있다'는 이유만으로 에코를 사서 쓰는 것이 아니다. 알렉사에게 "내일 날씨는?"이라고 물어보면, 자동적으로 위치 정보를 파악해서 가르쳐준다. 그 외의 일정이나 기상 알람 시간도 AI 스피커와 이야기를 나누며 저장할 수 있다. 이처럼 아마존 에코를 쓰다 보면, 아마존의 주문 기능은 덤에 지나지 않는다는 놀라운 사실을 알게 된다.

아마존 에코는 작은 원통형 스피커 모양을 하고 있다. 본체 상부에는 마이크가 달려 있다. 180달러라는 결코 싸지 않은 가격인데도

2015년에 투입된 후 판매는 계속 상승 추세다. 판매대수는 공식적으로 발표되고 있지는 않다. 하지만 2017년에 3,300만 대를 출하했다는 말이 돌 정도로 히트 상품이 되어 있다.

알렉사에는 스킬이라는 기능을 추가함으로써 이용하는 서비스를 늘려갈 수 있다. 아마존 스킬즈Amazon Skills라는 사이트에는 기본적으로 무료로 추가할 수 있는, 3만 개가 넘는 스킬이라는 확장 기능이 준비되어 있다. 스마트폰의 앱과 같은 것으로 손쉽게 첨가할수 있다.

예를 들어, 스타벅스 스킬을 추가하고, "알렉사, 늘 마시는 커피로 주문해줘"라고 명령한 뒤 매장으로 가면 줄 서서 기다리지 않고도 주문한 커피를 받을 수 있다. 택시의 호출이나 피자 주문이 가능한 스킬도 있다. 스마트폰으로 할 수 있는 것 대부분을 음성으로 거의 할 수 있다. 때문에 화면이 없는 스마트폰이라고 생각하면 될지도 모르겠다.

한편, 알렉사에 대응할 수 있는 가전제품도 속속 등장하고 있다. 이미 필립스는 알렉사에 반응하는 LED 등을, 소니는 스마트 도어록을, 링크 재팬은 에어컨용 스마트 리모컨을 출시했다. 이 세 가지만있으면 식탁에 앉아 알렉사를 향해 "조명을 좀 밝게 해줘", "현관

문을 잠가줘", "에어컨 설정 온도를 2도 올려줘"라고 말함으로써 즉시 조명, 현관문, 에어컨을 명령에 따라 가동시킬 수 있다. 이외에도 알렉사에 반응하는 해충 퇴치기나 아로마 디퓨저 등도 출시되고 있다.

한 중국 벤처기업이 세계 여러 나라에서 팔고 있는 조명 스위치가 있다. 이것은 디자인도 아름답지만, 스마트폰과 연동되어 아주 편리하게 사용할 수 있다. 기존의 스위치와 갈아 끼우기도 쉽고 스위치마다 주방, 거실 등 이름을 설정할 수 있다. 물론 집에 있을 때는 알렉사가 내장된 AI 스피커를 향해 "주방 불 좀 켜"라고 말하면 주방에 불이 들어온다.

가까운 미래에는 1박 2일로 여행을 떠날 땐 스마트폰을 통해 이런 명령을 내리게 될 것이다.

"알렉사, 자동차의 엔진을 켜서 에어컨을 25도로 맞춰놔."

"알렉사, 현관 외에 모든 문을 잠그고 현관은 10분 후에 잠가."

"알렉사(집에 아무도 없다는 것을 모르도록), 밤 6시부터 12시까지는 거실 조명을 켜놔."

"알렉사, 내일 저녁 6시가 되면 거실 온도를 25도로 맞추고, 목욕물도 받아놔. 늘 먹던 피자도 주문해놓고. 그럼 갔다 올게."

아마존 에코는 미국, 영국, 독일, 오스트레일리아 4개국에서 팔리다가 2017년 10월부터 인도, 같은 해 11월부터는 일본에서도 발매되었다. 해외에서 압도적인 시장점유율을 자랑하는 아마존이 진입한 이상 일본에서도 활성화가 기대되고 있다.

알렉사를 시장에 개방해
연동 제품을 늘린다

—

아마존 에코의 핵심 기술은 아마존이 개발한 음성인식 인공지능 알렉사다. 알렉사는 사람의 소리를 인식해 작동한다. 사람의 소리를 인식하는 음성인식 기술은 아마존뿐만 아니라 애플, 마이크로소프트, 구글, LINE이 주력하는 분야다. 이 기술은 현재 스마트폰과 PC에도 탑재되어 있으며, 아이폰의 시리[Siri]도 같은 종류의 기술이다.

아마존이 경쟁사들과 다른 점은 알렉사라는 음성인식 기술을 AI 스피커라는 가전제품으로 재빨리 독립시킨 것이다. 아마존 에코만 있으면 스마트폰을 조작하지 않고도 거실에 있는 텔레비전을 보면서, 혹은 집안일을 하면서 에코에게 말을 걸면 된다.

아마존이 더욱 훌륭한 점은 알렉사와 연동할 수 있는 기기 개발 키트와 연동 시 필요한 부품을 만드는 법을 문서로 작성해 인터넷 상에 공개했다는 것이다. 새로운 제품 개발을 위한 소프트웨어 키트를 무료로 나누어주고 있는 셈이다.

알렉사와 연동시킬 수 있게 완성된 제품은 계약에 따라 아마존의 테스트를 받는다. 바이러스가 없는지 체크한 후 합격하면 시중에 배포된다. 이렇게 함으로써 알렉사 연동 제품을 만들고자 하는 회사는 음성인식 기능을 스스로 개발할 필요가 없어진다. 그리고 아마존은 알렉사와 연동한 상품을 많이 거느리는 효과를 볼 수 있다. 알렉사를 중심으로 한 네트워크를 이용하는 사람들이 점점 많아져 상품 가치가 높아지는 네트워크 외부성, 즉 네트워크 효과를 볼 수 있다.

이는 스마트폰 시장에서 애플이 OS(운영체제)를 소프트웨어 개발 툴로서 개방해 시장을 석권했던 것과 마찬가지다. 현재 미국에서는 알렉사의 기능을 이용한, 3,000가지가 넘는 기술이 탄생하고 있다. 이제 음성인식 기술의 활용은 가전제품 제조회사들에는 가장 중요한 과제가 되었다. 애플과 구글이 음성인식 기술에 힘을 쏟고 있는 것도 이것이 가정의 '포스트 스마트폰'이 될 가능성이 높아지고 있기 때문이다. 외부에서는 스마트폰이 편할지도 모른다.

하지만 집에서는 뉴스와 일기예보 청취, 가전제품을 끄고 켜는 것 등 음성인식 기능이 있는 AI 스피커가 훨씬 편리하다.

알파벳은 아마존 에코와 비슷한 음성인식 인공지능 스피커 구글 홈을 출시해 아마존 에코를 맹추격하고 있다. 하지만 2018년 3월 각종 통계에 따르면, 미국에서 아마존 에코의 시장점유율은 이미 70퍼센트를 넘어섰다. 먼저 시장을 지배하게 되면 네트워크 외부성이 작용해 관련 상품 수에서 우위를 차지하게 된다.

미국의 조사기관인 스트레티지애널리틱스의 보고에 따르면, 2018년 1~3월 동안 음성인식 AI 스피커의 전 세계 출하 대수 시장점유율은 아마존이 43.6퍼센트, 구글이 26.5퍼센트다. 그 차이가 줄어들고는 있지만, 여전히 아마존의 존재감은 크다. 애플은 2017년 말에 홈팟Homepod을 시장에 투입할 예정이었다. 하지만 2018년 2월로 미뤄져 음성인식 단말기 분야에서는 이제 완전히 뒤처지고 있다. 일본에서는 LINE이 클로버Clova 웹을 시장에 투입하고 있다.

에코뿐만 아니라 미국의 음성인식 스피커의 판매량은 대폭 증가하고 있다. 2017년에 출하된 AI 스피커의 대수는 2016년에 비해 3배로 늘었다고 한다. 2018년에 성장세가 약간 주춤하기는 했지만, 그래도 2017년에 비해 60퍼센트 증가한 4,300만 대 정도 출하

되었다.

음성인식 기술은 이미 보급 단계로 들어섰다. 곧 인간이 스트레스를 받지 않을 정도로 기계가 음성을 인식하는 수준으로 올라설 것이다. 지금까지 쌓아온 음성 데이터가 증가할수록 음성인식의 정확성도 증가할 것이기 때문이다. 많은 사람들이 사용하면 사용할수록, 아니 식탁 위에 두면 둘수록 에코는 수많은 음성 데이터를 차곡차곡 모을 것이다. 그렇게 축적된 방대한 데이터를 지구상에서 멀리 떨어진 데이터 센터의 인공지능이 계속 학습해 점점 똑똑해질 것이다. 결과적으로 음성인식의 정확성은 어느 순간 극적으로 높아질 것이다. 그리고 인공지능은 그만큼 더 많은 데이터를 축적하고 더 똑똑해져, 또 그만큼 더 정확하게 음성을 인식하는 선순환 구조를 이룰 것이다.

이미 아마존은 에코에서 발생하는 큰 과제를 해결하고 있다. 명령을 내리고 있는 사람이 누구인지를 알아차리는 정확도가 높아졌기 때문이다. 음성 지문을 정확히 인식하는 기술로 이 일이 가능해졌다.

아마존 에코는 현재 미국에서 3,000만 대가 넘게 팔리는 대히트 상품이 되었다. 하지만 당초에는 생각지도 않은 취약성을 품고 있었다. 개인을 구별하지 못하는 경우가 종종 있다는 사실이다. 예를 들어, 아이들이 부모에게 장난감을 사달라 떼를 쓴 것을 아마존 에

미국의 음성인식 스피커 판매량

단위 만 대

2016년 약**900**

2017년 약**2,690**

2018년 약**4,300**

코가 잘못 인식해 필요 없는 물건을 주문했다는 등 농담 같은 이야기가 현실에서 벌어지기도 했다. 또한 애완동물로 기르는 앵무새가 주인의 목소리를 흉내 내 주문하는 일도 발생했다.

음성인식 기술은 고도로 발달한 인공지능이므로 가까운 미래에는 제품을 갈아 끼우지 않아도 스스로 학습해서 기능을 높이게 될 것이다. '고객을 위해서'를 표방하는 테크놀로지 회사인 아마존에 음성인식 인공지능처럼 중요한 사업 기회도 없을 것이다.

기술면에서도
패션업계를 뿌리부터 바꿔놓을 가능성

앞에서 플랫폼에 대해 다룰 때도 언급했지만, 아마존은 패션부문에서도 IT 활용과 거대한 물류망으로 기존의 소매업자들은 도저히 맞서 싸울 수 없는 비즈니스 모델을 구축하고 있다. 아마존은 그에 더해 기술면에서도 강력한 무기를 손에 넣으려 하고 있다. 그것은 미국에서 2017년 5월에 출하가 시작된 음성인식 단말기 에코 룩 Echo Look이다. 이것은 아마존 에코로부터 파생된 것으로 패션부문을 특화시킨 상품이다. 에코 룩이란 간단히 말하면 카메라다. 네 가지 종류의 LED 램프를 탑재한 카메라로, 자신의 사진과 동영상을 찍을 수 있다. 사진을 찍어 올리는 SNS인 인스타그램에도 쉽게 공유할 수 있고, 음성으로 조작하기 때문에 손을 자유롭게 사용하며 포즈를 취할 수 있다.

물론 촬영뿐만이 아니다. 스타일 체크라는 앱을 사용해 2개의 사진을 보여주면서 어떤 쪽이 좋은지를 판단해준다. 몸에 딱 맞는 피트감, 색의 조합 법칙, 유행이라는 데이터를 근거로 어느 쪽이 더 어울리는지를 판단한다. 어울리는 정도는 '75퍼센트 대 25퍼센트'와 같은 식으로 나타낸다. 지금은 주요한 기능면에서 인스타그램과 어느 쪽이 더 나은가를 비교하는 정도다. 하지만 앞으로 인공지능에 의한 자동 학습이 진행되면 마법과 같은 기계로 변신할 가능성이 크다.

예를 들어, "이 옷 괜찮아?"라고 물어봤을 때, 전 세계에서 모은 데이터를 바탕으로 패션에 대한 조언을 해줄 수 있게 될 것이다. 지금 입고 있는 상의에 어떤 바지가 어울릴지 판단해 자신의 옷장에서 적절한 것을 골라줄지도 모른다.

스타일을 체크하고 판단하는 기능과는 별도로, 자기 자신이 어떤 스타일의 옷을 좋아하는지도 등록할 수 있다. 이런 정보가 더해지면 에코 룩이 해주는 조언의 정확도는 더욱 높아질 것이다. 에코 룩을 통해 얻은 데이터는 일단 아마존 클라우드로 보내진다.

그러면 에코 룩은 다시 이것들을 사용해 어울리는 패션을 추천해 줄 것이다.

아마존이 이런 에코 룩을 통해 특히 의식하고 있는 것은 아무래도 자사 브랜드의 의류 판매를 확대하는 것이다.

패스트 패션의 시장점유율도 기술로 완전히 장악한다

─

아마존은 독자적인 패션 브랜드를 가지고 있다. 프랭클린 앤 프리맨Franklin & Freeman, 제임스 앤 에린James & Erin 등 얼핏 보아 아마존 브랜드라고는 상상할 수 없는 이름을 가지고 있다. 이 브랜드가 취급하는 것은 신사화, 양복, 원피스, 치마, 아동복 등 패션과 관련된 거의 모든 부문이다. 최근에는 자사 브랜드의 스포츠웨어 생산도 검토하고 있다. 이처럼 아마존이 자사 패션 브랜드를 만들면서 크게 공략하려 하는 것은 가격대를 보면 GAP이나 H&M 등 패스트 패션 시장이다.

양복은 150달러, 신사화는 30달러, 원피스는 10달러 등 싼 가격으로 다양한 상품을 갖추고 있다. 기존의 패스트 패션 회사들끼리의 경쟁은 격화되고 있지만, 이들이 인터넷 전략에도 강하다고 말하기는 어렵다. 아마존은 인터넷 판매 경력과 에코가 축적한 데이터를 활용할 수 있어 자사 브랜드로도 충분히 패션업계의 패권을 장악할 가능성이 있다.

패션업체 각 회사들도 온라인 판매 사이트에서의 고객의 판매이력을 가지고 있다. 언제 누가 무엇을 샀는지를 기본적으로 파악하고 있는데, 아마존은 에코 룩을 통해 그보다 더 많은 정보를 얻고 있다. 예를 들어, '산 옷을 어느 정도 입고 있는가', '어떤 조합으로 옷을 입고 있는가'를 파악할 수 있다. 이것은 아마존만이 알 수 있는 정보다. 그리고 이를 바탕으로 고객에게 정교하고 치밀하게 의상에 대한 제안을 해줄 수 있다. 또한 상품 개발이나 마케팅 전략 등에서도 분명한 차이를 만들어 다른 회사들과 확실히 구별될 것이다.

패션업계에서는 이제까지 고객과 직접 대면해야만 상품을 판매할 수 있다고 여겨졌다. 하지만 기존 패션 기업은 손에 넣을 수 없는 고객 정보를 쥔 아마존은 이제껏 볼 수 없는 방식으로 사업을 확대하고 있다.

아마존의 미래 구상을 알면
세계의 미래를 알 수 있다

-

앞에서 몇 번이나 '마지막 1마일'의 정비가 물류의 큰 과제라고 언급했다. 지금까지는 아마존이 구축해온 배송망에 대해 소개했는데, 그다음으로 무인 배송망에 대해서 알아볼까 한다. 더불어 앞으로 아마존이 무엇을 하려 하는지 미래에 대한 구상도 살펴보자.

아마존이 그리고 있는 것은 '하늘을 나는 택배'다. 드론(소형 무인 비행기)을 날려 상품을 배송하는 아마존 택배 프라임 에어Prime Air 가 실용화를 서두르고 있다. 목표는 총 중량 25킬로그램 미만의 드론을 고도 120미터 이하에서 날려, 무게 약 2.3킬로그램까지의 상품을 30분 이내에 배송하는 것이다.

아마존의 배송에선 현재 프라임 나우의 1시간 이내 배송이 가장 빠른 것이다. 하지만 만약 드론 택배가 실현되면, 1시간보다 빠른 배송도 가능해질 것이다. 6년 전인 2013년 12월에 이런 계획이 발표되었다. 마침 크리스마스 시즌이라 많은 사람들에겐 꿈같은 이야기로 받아들여졌다. 하지만 이제는 아마존의 상자를 품은 드론이 상품을 눈앞에 내려놓고 다시 날아올라 돌아가는 광경이 현실감을 띠게 되었다.

2017년 3월, 아마존은 캘리포니아에서 열린 콘퍼런스에서 이 장면을 시연했다. 유튜브에 동영상이 공개되었는데, 드론이 4개의 회전 날개를 돌리면서 잔디밭 위에 깔린 시트에 착륙했다. 이어서 아마존의 로고가 들어간 골판지 상자를 내려놓고 이륙하는 모습이 영상에 담겨 있었다. 이 드론은 물론 아마존이 개발한 것이다. 보도에 따르면, 이날 드론은 완전히 자율비행을 했다고 한다.

드론의 실용화에서 앞서가는 나라는 미국이 아니라 영국이다. 미국에서는 드론의 날개를 묶어두는 법적인 규제가 영국으로 건너가면 깨끗이 사라지기 때문이다. 미국에서 시연이 있기 전에 이미 영국에서는 2016년 7월 시험 비행 허가를 받았다. 그리고 그해 12월에 케임브리지 주변에서 처음으로 민간 테스트를 실시했다.

드론 전용 배송 창고에서는 우선 포장 작업을 한다. 사람이 골판지 상자로 포장한 상품을 드론 내부의 상자 속으로 넣는 작업이다. 이어서 드론은 벨트컨베이어 위를 이동해 GPS 정보를 기반으로 고객의 집 방향으로 각도를 맞추고 날아오른다. 이 과정이 불과 13분 안에 처리된다고 한다. 이로써 대부분의 고객들은 집을 나와 매장으로 가는 것보다도 훨씬 빨리 상품을 받을 수 있게 될 것이다.

흥미로운 것은 비용 문제다. 비밀주의를 고수하는 아마존은 당연하지만 자세한 내용을 공개하고 있지 않다. 드론을 배송에 사용하면 상당한 비용이 들 것이라고 생각한다. 하지만 전문가들은 1회당 배송비를 2센트 정도로 계산하고 있다. 드론은 배터리를 동력으로 비행하기 때문에 충전 요금은 싼 편이다. 또한 드론 구입 비용은 유지비를 포함해 1회 배송당 1센트 정도로 떨어뜨릴 수 있다. 대강 하루당 1달러 비용으로 드론을 날릴 수 있다는 계산이 나온다.

개발에 비용이 들어가고 본체 가격이 대폭 올라갈 것이라고 가정할 수 있다. 그래도 전부 1달러 내에서 배송이 가능할 듯하다. 사람이 수하물을 가져다주는 육지 배송보다 훨씬 싸다.

지상 택배에 비해 초기 설비 투자비가 훨씬 적게 들고, 무인 배송이라 인건비도 줄어든다. 그런 만큼 전반적인 배송비를 줄일 수 있는 것이다. 현재 프라임 나우는 주문하고 나서 1시간 이내 배송한다는 조건으로 일본에서는 890엔, 미국에서는 8달러 정도의 요금을 받는다. 이것을 그대로 적용하면 드론을 이용할 경우 배송료에서 오히려 이익을 보게 될 것이다.

드론 전용기지는
하늘에 만든다

-

드론을 날리려면 당연한 이야기지만 드론 전용기지가 필요하다. 아마존은 이 문제에 대해서도 이미 구체적인 계획을 세우고 있다. 아마존은 드론을 위한 기지도 아예 하늘에 띄우려고 한다. 이 기지는 마치 항공모함과 같은 역할을 하게 될 것이다. 아마존의 물류 창고는 교외에 있는 경우가 많아 배송지와 너무 멀리 떨어져 있다. 반면 하늘에 띄운 창고는 드론을 도시와 가까운 곳에서 날려 보낼 수 있어 고객이 상품을 받기까지의 배송 거리가 짧아진다.

이처럼 드론을 위해 하늘에 띄울 창고는 헬륨가스를 사용하는 몸길이 100미터인 비행선이다. 이것에 수백 톤에 이르는 수화물을 실을 계획이다. 비행기와의 충돌을 피하려면 비행기가 나는 것보다 더 높은, 약 1만 4,000미터 상공에 띄워야 할 것이다.

한편, 드론은 하늘에 있는 기지에서 수화물을 싣고 고객에게 배송한 뒤 하늘로 돌아가지 않고 지상의 거점으로 간다. 단순한 구상 치고는 상당히 치밀하고 자세한 배송 계획이다. 아마존은 이미 미국에서 이런 배송 시스템에 대해 특허출원을 해두고 있다. 영화의 한 장면 같은 이야기다. 하지만 의심스럽게만 들리지 않는 것이 아마존의 무서운 점이다.

드론 기지에 대해선 '하늘을 나는 창고'라는 상상뿐만 아니라, 벌집 모양의 '드론 빌딩'이란 아이디어도 있다. 많은 창문이 달린 원통형 건물을 세워 그곳을 드론을 위한 창고로 쓰는 것이다. 창문을 통해 무수한 드론이 이착륙하는 벌집 모양의 기지를 생각하면 된다. 인구가 밀집된 도시의 중심부에 이런 빌딩형 물류 배송의 거점을 설계한다고 하자. 그러면 배송 거리가 짧아지고 비행 소음도 작아지며 사람 머리 위로 떨어지는 것도 예방하기 쉽다. 하늘을 나는 창고와 마찬가지로 '드론 빌딩'도 특허신청을 해놓고 있다.

'설마 그런 일이 가능할까?'라고 생각하는 사람들도 있을지 모르겠다. 그런데 미국에는 단독주택이 나란히 서 있는 주택지가 많다. 지역에 따라 다르지만, 이런 곳은 대부분 치안이 좋다. 때문에 지금까지 배송업자들은 주인이 없으면 상품을 현관 앞에 두고 돌아가 버렸다. 그런데 드론이라면 주문하고 나서 10분 후 하늘에서 나타나 앞마당에 수화물을 툭 떨어뜨릴 것이다. 그리고 "지금 상품이 도착했습니다"라는 문자메시지를 자동으로 발송할 것이다.

이처럼 꿈을 현실로 이루어주는 듯한 드론이지만, 장애물이 없는 것은 아니다. 바로 법 규제다. 일본과 미국에서는 상업용 드론을 날리는 것을 '조종하는 사람이 볼 수 있는 범위 안에서만' 가능하다고 한정하고 있다. 하지만 항상 조종자가 드론을 보고 있어야 한다면, 비즈니스가 되지 않는다. 드론 택배 개발은 배송을 완전히 자동화하기 위한 것이다. 시대에 맞춰 규제를 완화하느라 미국과 일본 두 나라 모두 눈에 보이지 않는 곳에서도 드론 비행을 허가하는 방안을 검토하고 있다.

일본 정부는 2018년에는 외따로 떨어진 섬으로, 2020년에는 도심부로 배송용 드론을 날려 보낼 목표를 세우고 있다. 미국에서도 규제가 완화되어 2021년이면 드론 배송이 본격적으로 시작될 것으로 보는 의견이 대세다. 하지만 여론에 문제가 있다. 미국 우정공사가 2016년 12월에 미국 소비자 120명 이상을 대상으로 앙케트를 실시했다. 그 결과 드론 배송이 안전하다고 생각하고 있는 사람은 30퍼센트에 머물렀다고 한다.

하지만 이런 여론이 우호적으로 돌아서는 것도 시간문제일 것이다. 나는 이 책을 쓰는 동안 DJI사의 매빅에어라는 드론을 샀다. 실제로 시험해보니 센서가 전후, 상하좌우를 항상 살피고 있어 실내에서 사람이나 벽에 부딪힐 일은 없었다.

미 연방항공국FAA의 발표에 따르면, 상업용 드론은 2016년 말의 4만 2,000기에서 2021년에는 44만 2,000기로 늘어날 것으로 예상된다. 최대 160만기에 달할 가능성까지 보인다고 한다. 게다가 2016년 말 시점에서 2만 명이라는 조종사 수는 2021년에 10~20배로 늘어날 전망이다.

　이런 예측은 현재의 규제를 근거로 한 계산인 만큼 규제가 완화되면 모두 상당히 증가할 것으로 보인다. 아마존은 규제가 완화된다는 가정 하에 '하늘을 나는 택배'를 실증하는 실험을 거듭하고 있는 것이다.

　장사에 능한 아마존이 드론으로 단지 상품을 배송하는 것에 만족할 리 없다. 예를 들면 드론이 배송지를 녹화해 오면, 그 영상을 이용해 고객에게 필요하다고 생각되는 서비스를 제안할 수도 있다. 집 외벽이 낡았다면 리폼을 제안할 수 있고, 자동차가 오래되었다면 신차 구입을 제안할 수도 있다. 빨랫줄에 널린 티셔츠 영상을 근거로 그에 어울리는 바지를 추천할 수도 있을 것이다.

　이것은 결코 황당무계한 이야기가 아니다. 이런 구상에 대해서 아마존은 이미 2017년 7월에 미 정부에 특허신청을 해놓았다. 아마존이 내 생활을 지켜보고 있다는 기분이 들어 꺼림칙한 독자분들도 있겠지만, 사실 그럴 필요도 없다. 아마존 경제권이 확대되고 있는 오늘날에는 드론에 녹화당하지 않아도 이미 아마존이 우리의 행동 하나하나를 관찰, 기록하고 있기 때문이다.

왜 AI가
미래를 만드는 것일까

—

아마존 에코와 드론 등 아마존이 최첨단 기술을 자사의 상품으로 서뿐만 아니라 유통망 정비나 새로운 플랫폼 등 다양한 형태로 사용하는 것을 살펴보았다.

지금부터는 아마존의 AI가 그려나가는 미래를 살펴보자. 먼저 그전에 AI란 무엇인가를 알아보겠다. AI란 인공지능을 뜻하는 'Artificial Intelligence'의 약자다. 이 말을 일상에서 듣게 된 것도 오래되었다. AI 붐은 과거에도 있었다. 하지만 현재 AI 붐을 이끌고 있는 것은 기계가 스스로 하는 학습, 즉 머신러닝이다.

머신러닝이란 컴퓨터가 자연현상과 게임, 상거래 등에서 규칙성과 특징 및 가장 적절한 정답을 찾아내려고 하는 구조다. 인간의 뇌는 뉴런이라는 신경세포의 회로망으로 이루어져 있다. 머신러닝은 그런 신경회로망과 같은 구조로 짠 프로그램을 통해 학습을 시키면 컴퓨터도 지적인 활동을 할 수 있다는 생각을 기본으로 하고 있다. 아이폰의 음성 어시스턴트 시리와 역사상 최초로 바둑의 명인에게 승리한 알파고도 머신러닝의 성과다.

머신러닝이 가능하게 된 것은 컴퓨터 처리 능력이 향상되었기 때문이다. 하지만 더욱 중요한 요인은 컴퓨터 스스로 특징량이라 불리는 것을 결정할 수 있기 때문이다. 특징량을 간단히 설명하기 위해 예를 들어보자. 편의점의 어묵 판매를 분석한다고 했을 때, 누군가 어묵의 매출은 기온과 습도와 관계가 있지 않을까 생각할 수 있다. 과거의 인공지능 개발에선 그런 조건을 사람이 지정했던 것이 보통이다. 하지만 사실 요일 등 다른 조건들이 영향을 줄 수도 있다. 이처럼 판매라는 결과에 영향을 끼치는 중요한 포인트(가능성)을 특징량이라 한다. 그런데 기존의 방법에서는 컴퓨터 스스로 특징량을 결정할 수 없었다.

2012년 캐나다의 토론토대학은 화상인식 콘테스트에서 머신러닝을 이용해 경이적인 점수를 올렸다. 머신러닝이 가능한 컴퓨터가 스스로 특징량을 자동적으로 찾아내고 활용해 높은 정밀도를 실현했기 때문이다. 이로써 AI는 진정한 머신러닝의 세계로 돌입했다.

같은 해 구글은 머신러닝을 사용해 컴퓨터가 인간의 가르침 없이 '고양이란 어떤 모습일까'를 이해하고 알아보도록 만들었다. 구글은 이를 위해 컴퓨터 1,000대를 연결한 뒤, 1,000만 장의 사진을 3일 동안 학습하게 했다고 한다.

AI의 연구가 시작된 것은 불과 50년 전의 일이다. 컴퓨터가 스스로 변수를 결정하기 위해서는 아직은 방대한 계산이 필요하다고 할 수 있다. 그래도 이제까지 없었던 혁신적인 세계로 들어가는 문이 계속 열리고 있는 것만은 틀림없다.

2017년 4월 제프 베조스는 주주들에게 보내는 편지에서 AI와 머신러닝에 계속 투자할 것이라고 말했다. 2017년 아마존 전체의 연구개발 투자액은 226억 달러였다. 이것은 같은 해 마이크로소프트와 애플이 투자한 금액의 2배가 넘는 액수였다. 아마도 대부분이 AI에 대한 투자였을 것이다.

아마존은 AI를 이용한 네트워크에 시간과 비용을 쏟아왔다. 주로 자사의 온라인 판매 시스템을 강화시키기 위한 것이지만, 더 큰 이유가 있다. 바로 아마존에 거액을 벌어다주는 AWS를 보완해 이것을 다른 기업들에 더 많이 팔기 위한 것이다.

주목해야 할 자율주행

-

자율주행이 개발되면 물류는 완전히 바뀔 것이다. 아마존은 자율주행 연구에 들어가면서 2016년 초 자율주행을 특화한 팀을 사내에 창설했다. 이 팀은 10명이 좀 넘는 직원들로 구성되었다. 물론 자사의 물류를 위한 연구팀이다. 2017년 1월에는 자율주행차가 그때그때 상황에 맞춰 최적인 차선을 식별할 수 있도록 하는 새로운 특허를 신청했다.

사람은 기껏해야 10시간이면 지쳐서 더 이상 운전하지 못한다. 하지만 자율주행차에는 이런 한계가 없다. 밤낮을 가리지 않고 연료가 있는 한 계속 달릴 수 있다. 인간 운전기사 대신 자율주행차에 맡겼더니 미국 동부에서 서부로 횡단하는 배송 시간이 3~4일에서 하루 반으로 줄었다고 한다.

사실 운송용 차의 자율주행 기술에 대해선 아마존보다 알파벳이 더 주목받고 있다. 이 회사는 2009년부터 2015년까지 약 11억 달러를 투자해 자율주행 기술에서 다른 회사보다 훨씬 앞서가고 있다.

보도에 따르면, 아마존은 현재 자율주행차 자체 생산을 계획하고 있지는 않다. 사내 자율주행팀이 주목하는 분야는 자율주행 트럭, 포크리프트, 드론의 활용법이다. 만약 무인 자율주행 트럭과 수송기가 실현된다면, 아마존의 물류망은 격변할 것이다.

미국의 제너럴모터스와 독일의 BMW 등의 자동차 제조업체는 물론이고, 알파벳의 자회사인 웨이모 등도 이제까지 자가용 자동차를 향한 자율주행 기술에 힘을 쏟았다. 하지만 최근에는 전반적으로 개인용 자동차보다는 트럭에 적용할 무인 자율주행 기술개발을 서두르고 있다. 길이 복잡한 도심부보다는 직선 길이 많은 고속도로 쪽이 자율주행에 더 맞기 때문이다. 일본뿐만 아니라 미국 등 선진국에서도 트럭 운전기사 부족이 심각한 문제가 되고 있기 때문이다.

이제 2018년 이후에는 미국과 영국 등의 공공근로 도로에서 상업용 자율주행 트럭의 주행 실험이 시작될 예정이다. 자율주행이 물류 시스템을 뿌리부터 바꾸어놓을 새로운 날이 이미 코앞에 와 있다.

얼굴인식에서도
뛰어나다

그 외에 아마존이 주목하고 있는 것은 얼굴인식 기능이다. AI의 얼굴인식 기능은 이미 인간의 능력을 웃돌고 있다. 정확도는 정면 촬영과 같은 조건만 맞추면 99퍼센트대다. 각 개인의 얼굴 특징을 파악한 뒤 데이터베이스와 조합해 그 사람만의 얼굴을 구별할 수 있게 된다. 수염이나 가발로 위장하거나, 다소의 성형수술을 해도 알아볼 수 있다. 심지어는 일란성 쌍둥이도 구분할 수 있다.

AWS를 통한 얼굴인식 기능을 사용해 유치원이나 어린이집에서 행사 때 찍은 스마트폰 사진들로부터 '자신의 아이가 찍힌 사진'을 선택해 추출하는 서비스를 제공하는 회사도 있다.

정지 화면만이 아니라 음성과 동영상 등 여러 정보가 조합되어 있는 자료로부터도 판단할 수 있게 되면, 이 기술의 활용도는 더욱 넓어질 것이다. 교통 위반 단속이나 방범에도 사용 가능하다. 물론 마케팅에도 사용 가능하다. 표정을 분석해 매장의 상품 진열에 대한 고객의 평가 측정 등에도 활용할 수 있을 것이다.

'그런 세세한 일까지?'라고 생각하는 독자도 있을 것이다. 사실 상품을 어떻게 배치하면 매출이 오를까를 고객의 행동을 바탕으로 분석하는 것은 큰 의미를 지닌다. 실제 매장 운영으로 진출하려는 아마존은 이 분야의 개발을 강화하고 있다.

실제로 2017년 11월부터 인터넷상의 영상과 보관하고 있는 영상을 분석해 특정한 움직임과 사람의 얼굴을 인식하는 기능을 AWS의 고객을 대상으로 제공하기 시작했다.

번역 시스템은
우선 자사용으로 개발

－

앞으로는 번역 시스템도 중요해질 것이다. 이 분야에선 구글이 유명하다. 인터넷상에서 이미 사용해본 사람들도 많을 것이다. 구글은 AI를 사용함으로써 단어의 의미를 단순히 번역하는 것이 아니다. 대량의 데이터를 수집해 처리하고 자연스러운 흐름의 문장으로 번역하게 되었다.

아마존은 구글과 달리 우선 자사용으로 쓸 번역 시스템을 개발하고 있다. 기계 번역 기술을 개발해 상품 정보를 여러 가지 언어로 번역하는 데 사용하기 위한 것이다. '갑자기 외부 판매를 하기 위한' 것이 아니라, '소매업을 강화시키기 위한' 번역 기술개발을 한다는 점에서 아마존의 방식을 엿볼 수 있다.

이 부문도 동영상 인식과 마찬가지로 2017년 11월 여러 명의 음성을 영어, 중국어, 프랑스어 등으로 변환할 수 있는 기능을 AWS에 추가했다.

AI 인재 쟁탈이
시작되었다

—

AI 붐이 한창인 가운데 가열되는 것이 인재 쟁탈전이다. 젊은 층뿐만 아니라, 스탠퍼드대학의 스탠퍼드 인공지능연구소 소장처럼 최상위 연구자 등도 모두 구글, 아마존, 페이스북 등으로 이적하고 있다. 그리고 이처럼 우수한 연구자들을 끌어모은 하이테크 산업체들은 지금까지 소개해온, AI를 활용한 서비스를 차례차례 구체화시키고 있다.

카네기멜론대학 컴퓨터과학부 대학원의 학장은 AI 분야를 전공한 학생 한 명이 기업에 500만~1,000만 달러의 이익을 가져다줄 가능성이 있다고 이야기하고 있다.

컴퓨터과학 박사학위를 새로 취득한 사람들을 영입하려고 벌이는 각 기업의 쟁탈전은 무서울 정도다. 이에 힘입어 IT업계에 취직한 사람들의 비율은 과거 10년 동안 38퍼센트에서 57퍼센트로 증가했다. AI 연구자가 IT 기업에서 일하면 큰돈을 벌 수 있는 가능성이 현재 가장 높아진 상태다. 부가로 스톡옵션을 받을 뿐 아니라, 애당초 연봉도 아주 높다.

대학에서 일하는 컴퓨터 분야 박사학위 취득자의 2014년 평균 연봉은 5만 5,000달러다. 이에 비해, IT업계의 연구소에서 일하는

박사학위 취득자의 경우는 11만 달러로, 약 2배다.[8]

한편, 인공지능을 핵심으로 하는 4차 산업혁명에 의해 일자리는 확실히 줄어들고 있다. 이런 추세는 앞으로도 계속될 것이다.

미국은 물론이고 세계 경제를 이끌어가는 시가총액 상위 5개 기업, 빅5의 2017년 7월 기준 고용자 수 합계는 약 66만 명이다. 이에 비해 소매부문 대기업인 월마트 스토어즈는 약 230만 명이다. 〈니혼게이자이〉 신문에 따르면, 10년 전인 2007년 말 시가총액 상위 5개 기업(엑손 모빌, 제너럴 일렉트릭, 마이크로소프트, 시티그룹, AT&T)의 직원 수는 모두 109만 명이었다고 한다. 현재와 비교해보면 기술의 발달로 사람의 노동력이 그때만큼 필요하지 않게 되었음을 알 수 있다.

그렇다고는 해도 빅5 중 아마존만은 고용을 확대하고 있다. 전 세계적으로 직원 수가 1만 4,000명에서 2017년 7월에는 34만 명으로 늘었다. 이것은 도쿄도 신주쿠 구나 군마 현 마에바시 시의 인구와 거의 비슷한 수준이다. 일본 기업 중 가장 직원 수가 많은 도

8) 〈월스트리트저널〉 2016년 11월 25일 자

요타 자동차(약 37만 명)보다 약 10퍼센트 정도 작은 규모다.

아마존은 2017년 1월에는 앞으로 1년 반 동안 미국에서 10만 명의 상근직 직원을 채용하겠다는 계획을 밝혔다. 2018년 6월 홀푸드 매수 이후 직원 수는 56만 명까지 늘어났다. 아이슬란드의 인구를 넘는 규모다.

최대 고용원은 상품 출하를 담당하는 물류 창고로, 신규 고용은 텍사스, 캘리포니아, 플로리다, 뉴저지 각 주의 창고가 중심이다.

아마존은 2016년 10~12월 기간 동안에만도 새로운 창고를 20개 이상 건설했다. 그렇게 전 세계적으로 현재 약 150개의 창고를 가지고 있다.

상근직 직원 10만 명과는 별도로 소프트웨어 개발 등에 최대 5만 명의 직원을 고용할 계획도 가지고 있다. 2017년 9월 북미에 제2의 본사를 건설하려는 장대한 계획에 동반된 것이다.

우량기업의 위치는 곧 경제적인 효과로 연결된다. 때문에 자치단체에는 큰 의미를 지닌다. 예를 들어, 아마존은 본사를 시애틀 중심부로 이전한 이후 2010년부터 2016년까지 380억 달러 투자를 이 지역에 불러들였다고 한다.

사업 확대에 동반되는 개발 공사가 진행되어 이미 시애틀에 있던 아마존 본사에는 33동의 빌딩이 나란히 들어서게 되었다. 빌딩 군만으로도 면적은 75만 평방미터에 이른다. 이것은 도쿄돔 16개 분량이다. 건물 1층에는 레스토랑과 커피숍 등을 지역 기업이 임대해 상권 활성화를 지원하고 있다.

원래 시애틀은 마이크로소프트 외 여러 유명 기업의 본사가 있는 첨단 도시이긴 하다. 나도 몇 번이나 가본 적이 있다. 하지만 놀라운 것은 아마존 본사가 들어온 이후 도시의 모습이 격변하고 있다는 것이다. 도시의 거리 전체에 멋진 빌딩들이 늘어서 새로운 명소가 되고 있다. 일본으로 치자면 가부키 초를 포함한 신주쿠 전체가 마루노우치(도쿄의 랜드마크 역할을 하는 최첨단 빌딩 지구 – 옮긴이)의 멋진 빌딩군으로 변한 것 같은 기분이다.

시애틀에 사는 인구도 계속 늘어나 새로운 맨션이 건설되고 있다. 하지만 수요를 따라가지 못하고 있는 실정이다. 시애틀 지역의 집값은 연평균 10퍼센트 오르고 있다. 그런 만큼 평균 소득 정도의 세대에서는 시내에 집을 소유하기가 어렵게 되었을 정도다. 이렇다 보니 장거리 통근자가 늘고 주택 임대료를 내지 못해 노숙자가 되는 사람도 있다는 이야기가 간간이 들려오고 있다.

여담이지만 아마존은 좀 이상한 지원 활동도 하고 있다. 현재 본사의 택지 내 한 구역을 노숙자를 위한 숙박시설로 제공할 예정이다. 200명이 이용할 수 있는 65개실 규모의 숙박시설을 지어 2020

년 초에는 문을 열 예정이다. 지역사회와 공생하기 위한 정책이라고 한다. 아마존이 가져온 경제 효과 때문에 노숙자가 되는 사람이 있고, 이를 보고 아마존이 노숙자를 위한 시설을 짓는다고 하니 뭔가 얄궂은 기분이 느껴지기도 한다.

amazon

제
9
장

아마존이라는
조직

협조는 필요하지 않고
개별 아이디어가 우선시되는 조직

—

아마존 창업자 제프 베조스의 조직관을 엿볼 수 있는 에피소드가 있다. 직원 연수 때 몇몇 관리직 직원이 사원들끼리 소통할 필요가 있다고 제안했다고 한다. 그랬더니 베조스가 일어나 "커뮤니케이션은 최악의 방법입니다"라고 했다고 한다. 베조스는 커뮤니케이션이 필요한 조직은 그만큼 제대로 기능하고 있지 않다는 증거밖에 되지 않는다고 했다.

베조스가 원하는 조직은 협조 따위보다는 개개의 아이디어가 우선시되는 조직이다. 권력이 분산되어, 좀 더 심하게 말하자면 서로 결속 따위는 하지 않는 조직이 이상적이라는 말이다. 예를 들어, AWS 개발 부서는 아마존 고 따위에는 흥미가 없어도 된다. 그래야 베조스가 보기엔 좋은 조직이다.

그런 의미에서 아마존의 현재 모습은 베조스의 이상을 제대로 실현하고 있다고 볼 수 있다. 로마제국처럼 세력을 넓혀가고 있지만, 얼핏 보기에는 도대체 무엇을 하는 회사인지 전체적으로 설명하기 어려우니 말이다.

실패를 반복한 뒤
히트작을 만든다

-

베조스는 뛰어난 이과 계통 사람다운 면모를 보여주고 있다는 생각이 든다. 예를 들면 경영 수치에 그다지 구애받지 않는다는 점이 그렇다. 회계사 등 문과 계통 사람은 일정 기간 동안 결산치를 확인하도록 훈련받는다. 하지만 이과 계통 사람은 그런 것에 대해 별로 자세히 공부하지 않는다. 따라서 그런 수치에 구애받지 않고 자신이 하고 싶은 일을 한다. 캐시플로 경영 역시 그런 사고방식으로부터 나온 것이 아닐까?

당연히 AI 등 첨단 기술에 대한 감성도 전형적인 이과 계통 사람의 특징이다. 이과에서 실험이란 무슨 일을 하든 필수적으로 붙어 다니는 요소다. 그리고 실험을 하면 실패는 당연히 따라오는 결과라는 것도 경험적으로 알고 있다. 아마존은 자주 베타판을 만들어 실험한다. 이것은 마치 프로그래밍의 원리와 같다. 컴퓨터 프로그램을 짤 때는 서브시스템이라는 각 부품의 베타판을 우선 작성한다. 마찬가지로 아마존도 미완성인 상태에서 모든 부문의 베타판을 만들어 '계획 실행 평가Plan Do See'를 해보고 있다. 즉, 아마존은 계획 실행 평가를 반복하고 있는 기업이다.

예를 들어, 베조스와 애플을 대표하는 스티브 잡스의 차이는 회사의 색깔에 그대로 드러난다. 베조스는 엔지니어이기 때문에 사물의 구조와 만드는 법을 알고 있다. 아마존의 경영에도 인터넷을 사용한 회사를 만들고 싶다는 마음이 드러나 있다.

잡스는 꿈을 좇은 디자이너다. 애플도 말하자면 '멋진 모양을 추구하면서 시작된 회사다.' 지금도 애플은 GAFA 중에서도 하드웨어를 만드는 능력이 가장 뛰어나다.

베조스가 이념을 추구하는 모습은 정말 탐욕적이다. '모든 것은 고객을 위해서'를 내세우며, 낭비를 철저히 없앤다. 아무리 간부라해도 비행기의 비즈니스 좌석은 금지다. 하지만 일하는 것에 대한 보수를 아끼지는 않는다. 일본 아마존에서는 30대 후반에서 40대 후반의 부장급이면 연봉 2,000만 엔 정도를 받는다. 또한 기획 회의에서는 6페이지로 정리된 보도자료와 비슷한 자료를 준비한다. 그리고 참석한 사람들이 모두 이 자료를 20분 동안 읽은 뒤 본격적인 회의가 시작된다. 자료에 파워포인트나 슬라이드는 사용하지 않는다. 대신 처음부터 보도자료 형태를 취함으로써 프로젝트가 완성된 형태를 엿볼 수 있게 한다. 처음부터 고객의 시선에서 프로젝트를 바라볼 수 있게 만들려는 의도일 것이다. 그리고 무엇보다 특징적인 것은 회의를 시작하기 전에 참석자들 전원이 침묵 속에서 자료를 읽어보는 시간 20분을 투자한다는 점이다. 이것은 그 어떤 회사에서도 시행하지 않는 아마존다운 관습이다.

아마존은 금융업계에서 일한 경험이 있는 베조스가 세운 회사답게 숫자에 철저하게 신경 쓰는 사풍이 있다고도 알려져 있다. 심지어는 KPI^Key Performance Indicator(핵심 성과 지표) 지상주의라는 말도 듣고 있다. 한 주, 한 달, 하루 등의 기간을 정해 업무의 내용에 따라 자세하게 설정된 목표를 달성했는지 그렇지 않은지를 철저히 확인하기 때문이다. 예를 들어, 소매업이라면, 방문 고객 수와 객단가 등의 목표를 정하고 업무를 추진한다. 특히 아마존은 KPI를 좀 더 극단적으로 세분화해 관리하기로 유명하다.

시스템 가동 상황은 물론이고, 고객의 접근 횟수, 전환율, 신규 고객률, 마켓플레이스 비율, 불량 자산율, 재고 결품률, 배송 실수 및 불량품 비율, 1단위의 출하에 걸리는 시간 등으로 세분화되어 있다. 지역마다, 창고마다, 시스템마다, 각각의 관리 담당자에게 이런 지수 관리 업무가 할당되어 있다.

한편, 이와 같은 KPI 수치를 바탕으로 아마존에서는 매주 지역 단위, 글로벌 단위로 회의가 열린다. 이 회의에서는 구체적인 개선책만 이야기한다고 한다. 각 KPI에는 책임자가 있고, 인사고과 등에도 크게 영향을 끼친다. 무서운 것은 이런 KPI의 목표 관리를 0.01퍼센트 단위(보통은 0.1퍼센트 단위)로 하고 있다는 점이다. 왜 목표를 달성할 수 있었는지, 혹은 달성할 수 없었는지를 생각하고 하루하루의 업무 개선으로 연결시킨다. 일본에서는 라쿠텐이 이와 비슷한 정책을 실시했지만, 3개월 정도 유지한 뒤 유야무야되었다고 한다.

이런 과정도 결국은 컴퓨터 프로그래머가 프로그램을 수정하는 방법과 비슷하다. 우선은 베타판을 만들어 실제로 가동시켜보고, 오류를 발견하며 고쳐나가기 때문이다. 그리고 마지막에는 프로그래머가 하듯이 모든 좋은 점들을 반영해 최종 제품을 완성한다. 프로그래머 출신인 베조스에게 정말 잘 어울리는 경영 방법이다.

아마존이
거대 제국이 되기까지
-

이제는 거대 제국이 되어버린 아마존의 역사를 잠깐 살펴볼까 한다. 창업자 제프 베조스는 뉴멕시코주에서 태어났다. 대학에서 전자공학과 컴퓨터 사이언스를 전공했다. 선물 거래 등을 전문으로 하는 금융기관에서 연금기금 대상 정보시스템을 개발했다. 그 후 헤지펀드 회사로 옮겨 시스템을 개발해 부사장까지 되었지만, 인터넷 비즈니스의 장래성을 믿고 독립했다.

베조스는 자주 금융업계에서 IT업계로 옮겼다는 말을 듣는다. 하지만 원래부터 금융 실무를 담당한 적은 없었다. 그는 시스템과 네트워크를 담당했던 엔지니어였다. 1994년에 인터넷 서점 기업을 세웠고, 다음 해 7월 16일에 '아마존닷컴 amazon.com' 사이트를 개설했다. 처음엔 도서만 취급했다. 하지만 베조스는 창업 초기부터 무엇이라도 파는 사이트를 목표로 하고 있었다. 도서를 취급했던 이유는 단지 부패하지 않는 상품이기 때문이었다고 한다. 인터넷에서 도서를 판매하는 사이트는 아마존이 최초였다.

초창기 하루 주문 건수는 5, 6건이었지만, 인터넷이 활성화되는 시기와 딱 맞아떨어져 이후 주문이 폭발적으로 늘었다. 10월까지는 하루에 100건에 이르렀고, 그 후 1년도 되지 않아 1시간당 주문 건수가 100건에 이르렀다.

아마존이란 회사 이름은 세계 최대의 강인 아마존 강에서 따온 것이지만 결정하기까지는 우여곡절이 있었다. 베조스는 처음에 주문과 같은 효과를 발휘할 수 있는 '카다브라 Cadabra'를 회사 이름으로 붙이려 했다. 하지만 아마존의 최초 변호사인 토드 타버트가 "카다브라라는 발음은 해부용 사체를 가리키는 카다버 Cadaver와 닮

았습니다. 전화 너머로 들릴 경우 판별이 어려워 회사 이미지가 나빠질걸요"라고 반대하며 베조스를 설득했다.

베조스가 제시한 또 한 가지 안은 '릴렌틀리스닷컴 relentless.com' 이었다. '가차 없다'는 뜻을 지닌 relentless라는 단어를 그가 굉장히 좋아했기 때문이다. 어딘지 무섭기도 한 이 단어를 베조스는 즐겨 사용했다고 한다.

흥미가 있는 독자라면 시험 삼아 인터넷에서 relentless.com 이라고 한번 쳐보라. 이상한 사이트로 연결되지는 않으니 걱정할 필요는 없다. 신기하게도 amazon.com으로 연결된다. 아무리 relentless란 말을 좋아한다 해도 아직도 도메인을 보유하고 있다는 것은 이 이름에 상당히 애착이 있기 때문일 것이다.

애플의 스티브 잡스, 페이스북의 창업자인 마크 주커버그, 테슬라 모터스의 최고경영책임자인 일론 머스크 등에 비하면 일본에서 베조스의 인지도는 낮은 편일지 모른다.

과연 베조스는 어떤 사람일까.《아마존, 세상의 모든 것을 팝니다》를 읽으면 그의 단면을 엿볼 수 있을 것이다. 부하에게는 장기간 노동과 주말 근무를 당연한 듯이 강요하는 상사. 유능하지 않으면 쓰레기처럼 내다버리고, 유능한 사람에게는 이제 더 이상 못 하겠다고 떨어져나갈 때까지 일을 시키는 사람이라는 평이 있다. 일본의 악덕 기업 경영자를 무색하게 만들 정도의 가혹함이다.

베조스가 원하는 인재상이란 '어떤 과제를 던져주어도 재빨리 움직여 큰일을 이루어내는 인물'이라고 한다. 그처럼 유능한 인물은 스스로 창업해서 독립할 것 같지만 말이다.

회의 자리에서 베조스의 뜻에 따르지 않으면 당연히 엄청난 비난을 받는다. "내 인생을 낭비하게 만들겠다는 건가? 도대체 무슨 생각을 하고 있는 거야?"라는 말도 들어야 할 정도라고 한다. 정말 무서운 질책이다. 어떤 회의에서는 "그렇게 머리가 나쁘면 일주일 정도 더 생각해보고, 조금 이해가 되면 처음부터 다시 해봐"라고 직원을 야단친 경우도 있다고 한다.

그는 한번 폭발하면 무시무시한 사람으로 돌변해 분노를 조절하지 못한다. 때문에 감정통제 전문 코치를 고용하고 있다는 소문도 돌았다. 《아마존, 세상의 모든 것을 팝니다》에서는 그가 아마존 내에서 벌이는 공포 정치의 단면과 엄격한 근로 환경을 부각시키고 있다. 하지만 정작 베조스 본인은 저자에게 사내 취재를 쉽게 허락했다고 한다. 아무래도 취재를 하게 되면 본인과 회사의 평판에 흠이 될 정보가 노출될 것이다. 그런데도 그런 상황을 개의치 않고 이해해준 것을 보면, 사실 베조스는 아량이 넓은 사람일지도 모르겠다.

이 책을 쓰게 된 계기는 2016년 10월 서점을 대상으로 열린 강연이었다. 그 강연에서 아마존이란 어떤 회사인가, 판매 있어서 아마존의 강점은 무엇인가, 그리고 이익의 원천인 AWS 등으로 사업 확대를 계속하는 아마존의 힘은 어디에서 오는가, 등을 이야기했다.

지금 전 세계적인 기술과 경제의 변화를 주도하는 기업이 왜 아마존이어야만 했을까?

들어가는 말에서도 썼듯이 아마존은 경영학의 혁명이다. 분명히 이 기업은 가까운 미래에 경영학 교과서에 실리게 될 것이다.

아마존은 지금부터도 증식을 계속해 모든 업계에 손을 뻗쳐 영향력을 키워갈 것이다. 빅뱅처럼 확대되는 아마존의 힘을 이제 베조스조차도 제대로 파악할 수 없게 된 것은 아닐까? 아마존의 전문가는 아니지만 갑자기 전 세계적인 규모로 지나치게 확대되는 듯한 아마존의 성장 상황을 누군가는 한 번쯤 정리해야 한다는 생각에 펜을 들었다.

아마존 고나 아마존 에코 등 새로운 서비스에 대해서 아마존은 하루하루 뉴스를 만들어내고 있다. 그 배후에 있는 아마존 제국이란 구조는 이제 너무 거대해져 아마존의 전모를 이해하기는 어렵게 되었다.

우리의 생활이 극적으로 변해가는 것을 첨단 기술로 뒷받침해주는 아마존이란 기업이 있다는 사실을 좀 더 많은 사람들이 깨달았으면 한다. 아마존이란 기업이 경영자와 컨설턴트 등 경영과 관련된 전문가들만 알아도 좋다고 보는 단계는 이미 지났다. 그래서 이 책을 아주 알기 쉽고 일반 대중들이 널리 읽을 수 있도록 쓰려고 노력했다.

이제 아마존에 대해 모른다면 어느 틈엔가 동떨어진 세계에 남겨진 채로 살아가게 될지도 모른다. 아마존이 만드는 제국이 앞으로 어떤 존재가 될지를 생각해보자. 아마존 프라임 회원은 현시점에서 미국에 8,500만 명, 일본에 600만 명이 있다. 그 숫자는 앞으로도 계속 늘어날 것이다. 그 외에 아시아, 유럽을 포함하면 전 세계에 1억 명이 넘는 회원이 있다. 거의 하나의 국가 규모 인구수다.

세계적인 인터넷 서비스와 비교해보자면, 인스타그램 이용자 수가 10억 명, 페이스북 이용자 수가 22억 명이다. 아마존의 1억 명은 이에 비하면 조금 적게 느껴질지도 모른다. 하지만 아마존 프라임 회원은 3,900~1만 엔의 연회비를 지불하는 충성도를 보인다. 그러면서 실제 매장과 인터넷을 오가는 특권을 당연한 듯이 누린다. 이런 사람들이 1억 명에 이른다는 것은 디지털에서 끝나는 다른 서비스와는 단순히 비교할 수 없는 중요한 의미를 가진다.

아마존은 이 회원들에게 서비스를 계속 제공하며, 모든 업종에서 상식을 새롭게 창조해갈 것이다. 이미 아마존은 실제 매장에서 행해지는 쇼핑, 즉 식품과 일상용품을 취급하는 소매에 대한 상식을 바꾸어놓았다.

아마존 페이는 신용카드 회사에 주던 수수료라는 상식을 바꾸었다. 그리고 아마존은 소매업자에 대한 대출 상식도 바꾸었다. 앞으로는 은행을 만들어 전체적인 대출 상식을 바꿀지도 모른다. 아마존의 최대 강점인 물류는 현실과 인터넷의 경계를 무너뜨리고, 나라와 나라 사이의 국경조차 지워가고 있다. 이처럼 모든 분야를 통제하게 되었을 때 아마존에 맞설 기업은 사라질 것이다. 국가라는 시스템도 아마존을 어찌할 수 없게 될 날이 올 것이다. 아마존이라는 제국은 국가를 넘어 사회를 집어삼키고 새로운 질서를 만들게 될 것이다. 따라서 지금 우리는 아마존을 제대로 알아야만 한다.

이 책을 쓰는 데 편집자인 나카노 아미 씨에게 많은 신세를 졌다. 그녀는 여성들을 대상으로 한 메이크업이나 의상에 관련된 베스트셀러를 연달아 만든 노련한 편집자다. 좋은 책을 만들기 위해 철저하게 달려드는 편집자이기 때문에 이 책도 분명 멋진 책이 될 것이라고 믿는다.

이 책의 구성에 대해서는 구리시타 나오야 씨에게도 신세를 졌다. 과연 산업 전문 기자답게 수치와 데이터에 확실하게 근거를 두고, 누구든 읽기 쉬운 구성이 되도록 많은 도움을 주었다.

이 책은 그 외에도 음으로 양으로 많은 도움을 준 분들 덕분에 마칠 수 있었던 프로젝트였다. 지면을 빌려 그분들께도 감사드리며 이 글을 마칠까 한다.

2018년 7월

나루케 마코토

아마존의 야망

초판1쇄 인쇄   2019년 6월 5일
초판1쇄 발행   2019년 6월 13일

지은이   나루케 마코토
옮긴이   유윤한

발행인   이정식
편집인   이창훈
편집장   신수경
편집   정혜리, 김혜연
디자인   디자인 봄에
마케팅   안영배, 신지애
제작   주진만

발행처   (주)서울문화사
등록일   1988년 12월 16일 | 등록번호 제2-484호
주소   서울시 용산구 한강대로 43길 5 (우)04376
편집문의   02-799-9326
구입문의   02-791-0762
팩시밀리   02-749-4079
이메일   book@seoulmedia.co.kr

ISBN 979-11-6438-005-3 (03320)